あなたの知らない「仏教」入門

正木　晃
Masaki Akira

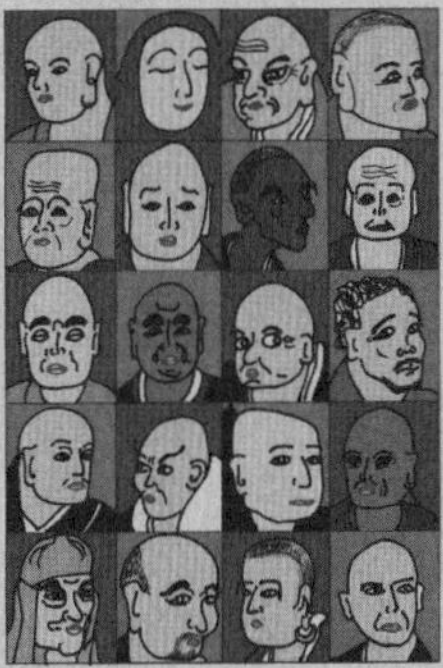

春秋社

はじめに

これまで仏教書というと、仏教の教義を論じる内容が主流でした。たしかに、教義の把握なしに仏教を論じることはできません。

しかし、仏教は教義だけで成り立っているわけではありません。教義と同じくらい重要なのが、社会とのかかわりです。それどころか、教義そのものも社会の変容にともなって大きく変容してきたというのが、歴史的な事実です。この「変容」こそ、仏教を真に理解するためのキーワードといってよいのです。

以上の理由から、これまであまり論じられてこなかった仏教と社会とのかかわりに、この本ではかなり多くのページをさいています。

第1章では、最新の学問的成果をふまえて、仏教とは何か、を問います。日本の学会でも、従来研究の進展はめざましく、とりわけインドにおける大乗仏教の誕生と展開をめぐっては、従来の学説が大幅な変更を迫られていますので、まずはこの点を確認します。

第2章では、仏教と社会とのかかわりを、経済活動という視点から考察します。多くの読者にとって、この部分がいちばん目新しく、興味を引くかもしれません。お寺とお金の関係は、遠くブッダの時代までさかのぼるのです。

第3章では、日本仏教を霊魂観や自然観の視点から論じたうえで、明治維新以降の近代化と仏教の関係を考えます。よい表現とは決していいませんが、近代化のなかで日本仏教の宗派に勝ち組と負け組が生まれたことは事実です。それはなぜだったのか。また、今後はどうなるのか。これらも大きなテーマです。

第4章では、仏教にとって本来の目的であった悟りとは何か。さらに、悟りは後継者たちにどのように伝えられてきたのか、を考えます。残された文献を読むと、悟りの内実はほんとうは多様だったようですし、伝授の方法もいろいろあったようです。

第5章では、日本仏教にとってもっとも大切な『法華経』『無量寿経』『般若心経』の三つの経典を、最新の研究成果をふまえて、論じます。ついで、これらの経典を祖師たちがどう解釈し、どう教義をきずきあげたのか、を考えます。驚くべきことに、祖師たちはおおむね経典の文脈を無視することで、新たな教えや思想を生み出していたのです。

第6章は、日本仏教をより深く広く知り、もっとよく理解するために、ぜひ読んでおくべき本をご紹介します。リストアップされた本をひもとけば、現時点における仏教研究の全容はほぼ把握できるはずです。

わたしがこの本を書いた目的は、ひとえに日本の伝統仏教を応援するためです。じつは、日本仏教はいま世界にある仏教のなかで、もっとも「変容」を遂げた仏教なのです。

この「変容」と対極に位置する言葉があります。「ブッダに帰れ！」です。

しかし、「ブッダに帰れ！」は、不可能です。なぜなら、ブッダは万人の救済を求めて修行し、ついに悟りを開き、その教えをひろめた……のではなかったからです。悟りを開いたばかりのブッダが説法の対象とみなしていたのは「話せば、わかる人」だけでした。

ここで重要なのは、ブッダが「話せば、わかる人」と認識していた人々の数はきわめて少なかったという点です。「話せば、わかる人」について、もう少し具体的にいうと、まず第一条件は出家していることでした。ですから、在家の人々は、少なくとも当初は、説法の対象になっていません。やがて、ブッダも多少は態度をやわらげて、在家の人々にも法を説くようになりましたが、その場合でも、説法の内容は出家者を対象とするときとは、大きく異なっていました。現世で善行を積んで来世でよりよい生を得ることを説いていたのです。意外かもしれませんが、交際のノウハウや財産の運用法などの処世術も説いています。

では、なぜ、ブッダは在家の人々には悟りとか解脱とか涅槃について説かなかったのでしょうか。理由は簡単です。悟りとか解脱とか涅槃には、渇愛《かつあい》の滅尽が絶対に必要だとみなしていたからです。渇愛とは尽きることのない愛欲のことですから、渇愛が滅尽するためには、いっさいの生殖行為を禁じる必要があります。また、修行に専念できないからという理由で、労働も厳禁していました。

しかし、このようにして、いっさいの生殖行為と労働を禁じられたのでは、在家の生活はまったく成り立ちません。そこで、来世で出家できることを願って、現世で善行を積むように、ブッダは説いたのです。

出家をなにより重視したブッダは、いささかならず勇み足までしています。異母弟のナンダや息子のラーフラなどの親族を、そうとうむりやりに出家させてしまったのです。これにはブッダの父のスッドーダナが、ごく親しい身内を根こそぎブッダにとられてしまうといって怒り狂い、ブッダにたいし猛烈な抗議をした話が、もっとも古い文献の一つとされる律蔵の『大品』に書かれています。

ようするに、わたしがいいたいのは、ブッダの教えをそのまま実践することは、現代の日本では不可能だということに尽きます。ブッダの教えから大きく変容を遂げた日本の伝統仏教だからこそ、わたしたちは仏教を実践できるのです。

あなたの知らない「仏教」入門……目次

第3章　日本仏教の基本の基本……83

第4章　悟りと伝授……125

第5章 経典と解釈……155

第6章　日本仏教をもっと知るためのブックガイド……… 221

おわりに　237

あなたの知らない「仏教」入門

第1章

仏教とは何か？

仏教と一神教は、どこがどう違うのか

仏教と、キリスト教・イスラム教・ユダヤ教のような一神教とは、決定的な違いがあります。簡単にいえば、一神教が想定する神を、仏教はみとめません。というより、一神教が想定する神を、仏教は必要としないといったほうが正しいでしょう。

この問題を考える前に、そもそも一神教が想定する神について、よく知っておく必要があります。なぜなら、ひとくちに神といっても、いろいろなタイプの神がいるからです。

少し学術的なことを申し添えると、キリスト教・イスラム教・ユダヤ教のような一神教をセム型一神教といいます。そして、これらの宗教が想定する神は、もともと古代パレスティナに居住していた「ヘブライびと」によって信仰されていたため、「ヘブライズムの神」とよばれています。いま一神教という場合、それはセム型一神教を指していますし、その神はこの「ヘブライズムの神」を指しています。

以下に、セム型一神教・ヘブライズムの神がもつ特徴をあげてみます。

①一神教というくらいですから、たった一人しかいません。つまり唯一神です。

②世界もしくは宇宙の創造主です。
③永遠不滅の存在です。
④全知全能の超越者です。
⑤抽象的な原理ではなく、人格をもっています。
⑥現実の人間のいとなみ、すなわち歴史に、全面的に介入してきます。
⑦特定の人間集団とのあいだに契約関係をむすぶ契約と法の神です。
⑧神と人間の関係は一方的です。人間はどんなに努力しても神には成れません。

このうち、①〜⑤までは、程度の差こそあれ、ほかの宗教でも見られないことはないのですが、ヘブライズムの神はあらゆる意味で突出しています。

ちなみに仏教は、世界もしくは宇宙の創造には、創造主を想定していません。世界もしくは宇宙の創造は、「おのずから」生まれるとみなすからです。

また、ヘブライズムも仏教も、この世に終わりがあると想定している点では共通しますが、ヘブライズムがこの世の終わりは一回だけで、最後の審判をへたのち、神によって選ばれた者には永遠の至福があたえられると想定するのにたいし、仏教はこの世の終わりは何回となく繰り返されると想定しています。

⑥はヘブライズムの神にしか見られないという意味で、ひじょうに特徴的です。とにかく、ヘブライズムの神は、すべてを創造し、すべてを支配するのです。この神と人間の関係を、イスラム教の開祖、ムハンマドは主人と奴隷になぞらえているくらいです。わたしもあなたも、この世の生きとし生けるものも、自然界の事象も、すべて神の意志によって動かされているというわけです。ここまで極端になると、「じゃあ、人間には自由意志はないのか」という疑問が出てきて、実際に「神は人間に自由意志をあたえたか否か」をめぐって、論争が繰り返されてきたくらいです。

⑦も注目すべき点です。特定の人間集団は、専門用語でいうなら、「共同体」です。つまり、ヘブライズムの神にたいする信仰は、共同体の信仰であって、個人の信仰ではないのです。近代化の過程で、西欧のキリスト教は、共同体の信仰から個人の信仰へと様相を変えましたが、いまでもイスラム教やユダヤ教は、原則として、共同体の信仰です。

その点、仏教は、当初から個人の信仰でした。歴史のなかで、一族や血族を中心とする共同体の信仰になったこともありましたし、現在の日本仏教でも「家の宗教」という要素は抜きがたくあります。しかし、もともと個人の宗教だった事実はけっして無視できません。

共同体の宗教と個人の宗教という違いは、信仰する人々の行動にも深くかかわってきます。それがもっともよくあらわれているのが信者の行動規範、いいかえると戒律です。ヘブライズムでは、戒律は、神が人間にたいし、一方的に定めたものです。もっとはっきりいうなら、神が人間に、こうしなさい、ああしなさい、こうしてはいけません、というぐあいに、強制するものです。それに疑いを差しはさむことは許されません。ヘブライズムの考え方では、人間は不完全であり、神が完全だからです。もし承伏できないとすれば、それは人間の理解が足りないからであり、早い話が人間のほうがまちがっているのです。

そのため、ヘブライズムにおける信仰生活とは、神が定めた戒律にしたがって生きることにほかなりません。イスラム教徒であれば、クルアーン（コーラン）に書かれているとおりに生きることこそ、正しい信仰生活なのです。

仏教は違います。もっとずっと柔軟です。仏教の戒律は「戒」と「律」から構成されています。戒とは、やや硬い表現でいえば自発的に決意された「慣習的な行為」であり、もっと柔らかい表現でいえば「誓い」です。律は、戒を守らなかった場合の罰則にまつわる規定です。

重要なのは、戒律はブッダが一方的に定めたものではないという事実です。なにか問題が生じた場合、そのつど、問題にどう対処したらよいのか、仏弟子たちがあつまって検討し、いわば自主的に定めたのです。ですから、時代や環境の変化とともに、変更することが可能です。けっして永遠不変ではありません。むろん、いったん定められたからには、一定の強制力をもちますが、その強制力の程度はヘブライズムとは比べものになりません。

神は在る者、仏は成る者

ようするに、①〜⑧に列挙した特徴をもつ神を、仏教はみとめていませんし、必要ともしていません。大乗仏教の段階になると、ようすが違ってきますが、少なくともブッダ自身は、永遠不滅な存在をなに一つとしてみとめなかったのです。

もっとも、仏教は神そのものを否定してはいません。その証拠に、仏典にはさまざまな神々が登場してきます。

たとえば、仏教の誕生には、梵天《ぼんてん》（ブラフマー）が大きく貢献したと伝えられます。原始仏典（初期仏典）の阿含経《あごんぎょう》、大乗仏典の『法華経《ほけきょう》』などに記された「梵天勧請《ぼんてんかんじょう》」とよばれるエピソードです。

菩提樹のもとでブッダが悟りを開いたとき、ブッダ自身は悟りの内容があまりに深遠なゆえに、だれにも理解されないだろうと考え、教えをひろめる気持ちは全然ありませんでした。

そのようすを見ていた梵天が、「このままでは世界は滅びてしまう！」と心配して、ブッダにぜひ教えをひろめてくださいと必死になって懇願します。この懇願を聞き入れて、ブッダは多くの人々にたいし、ようやく説法を開始したというのです。

梵天は、仏教が誕生するはるか以前から、「宇宙の創造主」として崇められていた偉大な神です。にもかかわらず、「梵天勧請」では、ブッダと梵天の関係は、あきらかにブッダが上で、梵天が下です。

このように、「宇宙の創造主」が、いくら悟りを開いたとはいえ、もとは人間だったブッダの下に位置づけられることは、ヘブライズムの神では絶対にありえません。

さらに、このエピソードは、俗名ガウタマ・シッダールタが悟りを開いたブッダになった瞬間、かれが神以上の存在になったことを意味しています。すなわち、人間は資質と努力によって、神以上の存在になれるということです。このような発想は、⑧に指摘したとおり、ヘブライズムの神では絶対にありえません。

仏教では、よく「神は在る者、仏は成る者」といわれます。まことにいい得て妙です。そして、つねに仏が上で、神が下です。

日本史の教科書で「神仏習合」という言葉を習ったとおもいます。日本の神々は、インドの仏菩薩が、日本特有の事情にあわせ、神のすがたをとってあらわれたものという考え方です。この「神仏習合」の場合も、仏と神は対等ではありません。あくまで仏が上で神が下です。もっといえば、日本の神々もまた、仏教によって救われる対象なのです。

インドの神々は仏教にリクルートされ、たいがいは守護神の役割をになうことになりました。梵天とペアになる帝釈天が典型例です。四天王もそうです。弁才天（弁財天）、吉祥天、聖天など、名前の末尾に「天」がつくのは、ほぼすべてインドの神々がルーツです。

仏教もいろいろ

ひとくちに仏教といっても、内実は複雑です。過去のことはさておき、いま宗教として生きている仏教と主な地域をあげると、つぎのようになります。

①テーラワーダ仏教（上座仏教）…スリランカ・ミャンマー・タイ・カンボジア
②大乗仏教↓チベット仏教…チベット・ブータン・モンゴル
　↓ネパール仏教（ネワール仏教）…ネパール
　↓中国仏教…中国・台湾・マレーシアとシンガポールの華人社会
　↓ベトナム仏教…ベトナム
　↓韓国（朝鮮）仏教…韓国
　↓日本仏教…日本

テーラワーダ仏教と大乗仏教は、同じ仏教とはいえ、ずいぶん違います。なお、大乗仏教と小乗仏教という分け方からすると、テーラワーダ仏教は小乗仏教に属しますが、学術の領域では、大乗仏教と小乗仏教という呼び方はもうしていません。理由は、これまで小乗仏教とよばれてきた勢力のほうが、インドの仏教界でははるかに大きく、小乗仏教こそが主流派だった事実がわかってきたからです。大乗仏教の勢力は、五〜六世紀ころに、大乗仏教のなかから密教が登場してくるまでは、たいしたことはなかったらしいのです。そこで、学術の領域では、小乗仏教という呼び方をやめて、主流派という呼び方がされるようになってきています。

テーラワーダ仏教の場合、スリランカ・ミャンマー・タイ・カンボジアのあいだの違いは、まったくないとはいえませんが、さして目立ちません。ところが、大乗仏教の場合、そうはいきません。

同じ大乗仏教といっても、チベット仏教系とネパール仏教系と中国仏教系の、三つに分かれます。この三者はずいぶん違います。

なお、ネパール仏教のところで（ ）に、ネワール仏教と記しましたが、これはネパールという国に住むネワール人が信仰している仏教を意味します。ネパールは世界で唯一、ヒンドゥー教を国教としてきた国で、仏教は少数派にとどまります。ネワール仏教の中身は、日本の真言宗に似ています。

日本・韓国・台湾・ベトナム・マレーシアとシンガポールの華人社会の仏教は、中国仏教から派生した仏教です。しかし、国ごとに見られる差異もまた、とうてい無視できません。

さらにいえば、日本仏教といっても、話はとても面倒です。日本史の教科書で旧仏教としてひとくくりにされている奈良仏教や真言宗や天台宗と、鎌倉新仏教としてひとくくりにされている宗派では、ずいぶん違います。そして、同じ鎌倉新仏教でも、浄土宗・浄土真宗・時宗という浄土教系の宗派と、臨済宗や曹洞宗という禅宗系の宗派では、まったくといっていいほど違います。日蓮宗は、浄土教系とも禅宗系とも、おおはばに違います。ですから、どこかの宗派を一つだけ選んで、「これが日本仏教です」といったら、ほかの宗派は怒ってしまうにちがいありません。

ということは、「仏教とは何か」という問いに答えるのは、とても難しいのです。

ブッダは何を説いたか

では、仏教の開祖、ブッダ自身は、何を、どう説いたのでしょうか。

たいがいの概説書には、ブッダは最初の説法（初転法輪《しょてんぽうりん》）で、中道《ちゅうどう》と四聖諦《ししょうたい》と八正道《はっしょうどう》を説き、また縁起について説いたと書かれています。簡単に説明します。

中道は「偏っていない中正の道」という意味です。よく誤解されるような、両極端を足して、二で割ったという意味ではありません。

四聖諦は「四つの最高真理」という意味です。具体的にいうと、ありのままに観察すれば、人生は「苦（思うようにならない）」であり、苦の原因は「集（渇きのごとき尽きぬ欲望）」であり、集の「滅（却）」こそ苦の滅却であり、苦の滅却には「道（正しい考え方にもとづく正しい生活）」にあるという意味になります。

八正道は、文字どおり「八つの正しい道」という意味です。これも具体的にいうと、正見《しょうけん》（正しい見方＝四諦の道理をよく観察する）・正思（正しい考え＝執着を離れた平静な心で四諦の道理を観察する）・正語（正しい言葉＝虚偽・非難・中傷などを語らない）・正業（正しい行為＝殺生・窃盗・淫欲の三種の行動をしない）・正命《しょうみょう》（正しい生活＝身体・言説・精神の三領域を清らかにし、規律を守る）・正精進（正しい努力＝悪意や悪行を断ち、善行の増大に邁進する）・正念（正しい憶念＝邪念を払い、常に正しい道を想起するように励む）・正定《しょうじょう》（正しい瞑想＝精神統一して、迷いのない清浄な境地に入る）から構成されています。

縁起は「因縁（条件）によって生起《しょうき》する」という意味です。つまり、この世のありとあらゆる存在は、さまざまな条件によって、仮に成り立っているにすぎず、条件が変われば、いろいろに変化する。別の言い方をすれば、相互に依存しあっているという意味です。

これらのことを、ブッダは「根本教説」として説いたというのが、伝統的な理解でした。ごめんなさい。ここまで七面倒くさい話を読んできていただいた方には、たいへんもうしわけないのですが、最近では、ブッダがいま紹介したようなかたちで説法をしたかどうか、疑問が出てきています。中道や四聖諦や八正道や縁起みたいな、いわばきれいに整理された説法は、ブッダ自身はしなかったのではないか。こういう定型が成立したのは、ブッダの入滅後、かなりたってからのことではないか、というわけです。

いいかえると、ブッダは、中道や四聖諦や八正道や縁起を構成するパーツ・パーツは説いたものの、それらを中道や四聖諦や八正道や縁起という、がっちりというかすっきりというか、とにかく整理されたかたちでは説かなかった可能性があるのです。

最初期の仏典を現代語訳された中村元先生は、現存する最古の仏典といわれる『スッタニパータ』を、『ブッダのことば』（岩波文庫）として出版した際、解説にこう書いています。

原始仏典は「四つの真理（四諦）」を説いたといわれる。ところで『スッタニパータ』の中では真理（sacca）に関する論議は盛んになされているけれども、ウパニシャッド的な（真実）の意味でsaccaという語が用いられている場合が多くて、「四諦」の説とは何の関係もない。

……………

文献としてはこれ以上遡ることができない。仏教の起源をたずねるためには、他のどの聖典よりも重要であると考えられる。

……………

この『ブッダのことば（スッタニパータ）』の中では、発展する以前の簡単素朴な、最初期の仏教が示されている。そこには後代のような煩瑣な教理は少しも述べられていない。ブッダ（釈尊）はこのような単純ですなおな形で、人として歩むべき道を説いたのである。かれには、みずから特殊な宗教の開祖となるという意識はなかった。修行者たちは樹下石上に坐し、洞窟に瞑想する簡素な生活を楽しんでいたので、大規模な僧院（精舎）の生活はまだ始まっていなかった。

最古の層に属する経典には、ブッダが説いたのは「不老・不病・不死・不憂・不朽な無上の安穏」だったという記述があります。同じく、「わたしは業《ごう》（行為）を説く者であり、実践を説く者であり、精進を説く者である」と宣言したという記述もあります。「業」は、善い行為には善い結果が、悪しき行為には悪しき結果が、おのおのもたらされるという意味です。日本では業というと、親の因果が子に報いとか、前世の業でこんな酷い現世があるというように、運命論的な響きがありますが、ブッダはそういう意味で、業という言葉を使ってはいません。ブッダにいわせれば、「たんなる運命論者でもなければ、やみくもな努力至上主義者でもない」のです。

また、ブッダはわたしたちが自分で関知できる範囲、学術的な用語をいえば「周辺世界」に関心を限定していました。いいかえると、世界全体がどうなっているのかとか、宇宙はどのように創造されたのか、といった大きなテーマは関心外だったのです。そんなことを、ああでもない、こうでもないと考えている暇があったら、修行に励め、人生は短いのだ！というわけです。

結局、ブッダは、悟りを得るためには、出家して梵行《ぼんぎょう》に励まなければならないとみなしていたようです。梵行とは禁欲的な修行という意味です。さまざまな煩悩、とりわけ性欲の徹底的な滅却こそ、悟りへいたる必須の道と説いていました。この意味で、ブッダの教えは、完全な出家主義でした。『スッタニパータ』には、在俗のままでも修行はできると解釈できる文言もありますが、現実には梵行を実践するのに在俗では無理だったにちがいありません。

インド仏教の実像

近年、インド仏教の歴史をめぐっては、激変が起きています。特に大乗仏教の起源と展開をめぐって、これまでの学説が大きな変容をせまられています。

インド仏教の歴史は、ブッダ（紀元前四二八〜三八三）を開祖として、一三世紀の初めころにすがたを消すまで、おおむねつぎのように考えられてきました。

初期仏教　仏教誕生～紀元一世紀ころ
中期仏教　紀元一世紀ころ～七世紀初めころ
後期仏教　七世紀初めころ～一三世紀初めころ

このうち、初期仏教は、アショーカ王（紀元前二六八～二三二在位）の登場を画期として、前後に分けられます。前半が原始仏教、後半が部派仏教です。部派仏教は、ブッダの教えにかんして見解の相違があらわれ、二〇くらいのセクト（部派）に分裂したので、こうよばれます。

中期仏教は、大乗仏教が興隆した時代です。日本仏教はことごとく大乗仏教に属していますから、この時期はとても重要です。

後期仏教は、インド仏教が衰退していった時代であると同時に、衰退をなんとか食い止めようと、密教という新しいタイプの仏教が大乗仏教のなかから登場してきた時代でもあります。日本仏教の真言宗、あるいは天台宗の一部は、この密教の流れを受け継いでいます。

いま問題になっているのは中期仏教です。これまでは、中期仏教の時代になると、大乗仏教が興隆したことで、初期仏教は影をひそめていったとみなされがちでした。ところが、事実はそうではなかったらしいのです。早い話が、大乗仏教の勢力はこれまで考えられていたほど大きくなかったようなのです。

そもそも大乗仏教という用語は、「(悟りへいたる)大きな乗り物」という意味で、従来型の仏教を小乗仏教、つまり「(悟りへいたる)小さな乗り物」と非難した表現とセットになります。そして、大乗仏教が登場するにおよんで、小乗仏教はすたれていったという認識とつながっています。

じつはこういう考え方が通用しなくなってきたのです。大乗仏教が小乗仏教と非難した初期型の仏教が、大乗仏教が登場してきても、あいかわらず大きな勢力をたもちつづけた可能性が高いことがわかってきたからです。そこで、学術の領域では、もはや小乗仏教という表現はつかわれず、「主流派 main stream」とよぶようになっています。大乗仏教がインドの仏教界でメジャーな地位を獲得したのはかなり後で、五〜六世紀のことのようです。

同じ僧院のなかに、初期型の仏教と中期型の仏教と後期型の仏教が、共存していたこともわかってきています。もちろん、この三者の割合は僧院によって違っていたらしく、三者が全部そろっていた僧院もあれば、一つのタイプしかない僧院もあり、二つのタイプが併存する僧院もあったようです。このあたりは、正統と異端をきびしく分け、異端の存在を絶対にゆるさない一神教とは、まったく異なります。

さらに、インドの宗教史を冷静にながめてみれば、仏教はけっして主流ではありませんでした。全盛期ですら、インドの宗教界において、最大の勢力になったことはおそらくなかったでしょう。よくインドの帝王たちが仏教を保護したといわれますが、ほとんどの場合、国内にある宗教をすべて保護したのであって、仏教だけ特別に優遇した帝王は、ごくわずかな例をのぞけば、まずいませんでした。

以上のように、インド仏教の歴史をめぐる昨今の状況は、日本仏教にたいする評価にも、影響をあたえかねません。いままでは、小乗仏教より大乗仏教がすぐれている。その大乗仏教のなかでも、日本仏教はチベット仏教よりもすぐれている。なぜなら、チベット仏教の中核は、大乗仏教の堕落した形態というべき密教が占めているからだ。同じ理屈は、日本仏教にも適用されて、日本仏教のなかでも鎌倉新仏教こそ、もっともすぐれた仏教だ。南都六宗や真言宗や天台宗は、旧仏教といわれるくらいで、旧態依然の仏教だ。また、密教を名のる真言はもとより、南都六宗や天台宗は密教の影響が強いので、よろしくない……という風潮がありました。しかし、こういう価値評価はもはや通用しないのです。

大乗経典は捏造か

大乗仏教の定義は「大乗経典を仏説として受容する仏教」です。原始仏典（初期仏典）とよばれている経典が、ブッダの教えを一〇〇パーセント忠実に伝えているかと問われれば、疑問の余地がなくはありません。原始仏典にも、後世の加筆や潤色が少なからず見られるからです。しかし、大乗経典とは比較になりません。なぜなら、大乗経典が成立したのは、ブッダがこの世を去ってから、早くても三〇〇〜四〇〇年も後のことだからです。

歴史的な事実として、大乗経典がブッダの説法をそのまま記述したものでないことに、疑問の余地はありません。したがって、テーラワーダ仏教にいわせれば、大乗経典はすべて捏造です。日本でも、江戸時代に富永仲基（一七一五〜一七四六）、明治時代に村上専精（一八五一〜一九二九）が「大乗非仏説」を主張して、当時の仏教界に物議をかもしています。

しかし、テーラワーダ仏教がいうとおりに、大乗仏教を捏造と断言してしまうことはできません。むしろ、ブッダを開祖とする仏教がたどらざるをえなかったプロセスと考えたほうが、的を射ています。いわば、必然の道だったというわけです。

原始仏典は、ようするにブッダの言行録という性格をもっています。その意味では、キリスト教の新約聖書に近いところがあります。欧米の仏教学で、初期仏教・原始仏教が高い評価を受けてきた背景には、こういう事情があったのかもしれません。

それにたいし、大乗経典は、ブッダの言行録を基盤としつつ、ブッダの教えを、いろいろな手法を駆使して、より多くの人々に伝えるという性格をもっています。その結果、表現は多様になり、文学的にもなりました。また、ブッダの教えを掘り下げて、哲学的に解説したり、思想として成熟させたりすることにもなりました。そう考えると、初期仏典がいわばブッダの言行録であるのにたいし、大乗仏典はいわば神学的な追求の成果ともいえます。ただし、大乗仏典の場合、神学的な成果は、論書（哲学書・思想書）というかたちではなく、まず経典というかたちで、別の表現をつかえば物語として、提示されたところに特徴があります。

このことがもつ意味はけっして小さくありません。なぜなら、神学的な成果がいきなり論書として提示されたら、それを読む人はごく限られたに違いないからです。しかし、物語として提示されたために、受容される層がずっと広がりました。その結果、ほぼ出家者に限定されていた悟りへの道を、むろんある程度の制限はついてまわるものの、在家の人々にまで拡大することに、おおいに貢献しました。

そして、こんにち的な観点から考えるとき、なにより重要なことは、大乗仏教が高い普遍性をもち、原始仏典にもとづく仏教よりも、はるかに広い地域に伝えられたという歴史的な事実です。逆に、原始仏典にもとづく仏教は、古代インド文明圏からなかなか出られませんでした。この事実は、いくら強調しても、強調しすぎることはありません。

いまでこそ、日本でも初期仏教・原始仏教に関心を寄せる人々が増えてきていますが、その多くは、初期仏教・原始仏教を継承するテーラワーダ仏教がはぐくんできた瞑想法にたいする関心であって、信仰にはなっていません。たしかに瞑想は、仏教にとって、他の宗教にも増して大切な部門です。でも、仏教信仰という全体像から見れば、ある特定の部門にすぎず、過大評価は禁物です。

大乗仏典はどこで成立したのか

では、なぜ、大乗仏教は初期仏教・原始仏教よりも高い普遍性をもっているのでしょうか。すでに述べたとおり、初期仏教・原始仏教に比べると、大乗仏教がずっと自由で開放的だったことと無縁ではないでしょう。しかし、こういうと、では、なぜ、ずっと自由で開放的だったのか、という問いに答えなければなりません。

その答えは、おおむね二つあるとおもいます。一つは、インド仏教内部における、いわば自律的な運動の結果として、そういう性格がはぐくまれたという答えです。大乗仏典が神学的な成果をふまえていることも、その一つです。これは当然すぎるくらい当然の推測ですので、とくに説明する必要はないとおもいます。

もう一つは、インド仏教内部における自律的な運動の結果とは別に、なんらかの影響を受けた可能性です。はっきりいえば、従来のインド仏教とは別の要素が、どこかの時点で、外部から加わったのではないかということです。このことは、代表的な大乗仏典、わけても初期大乗経典がいったいどこで成立したのかを考えるとき、俄然、浮上してきます。

現在、代表的な初期大乗仏典の原型が成立した地域と時期はつぎのように考えられています。

般若経典	西北インド	前一世紀〜
『維摩経』	北インド	後一〜二世紀
『法華経』	西北インド	後二世紀前半
『華厳経』	中央アジアのコータン	後一世紀〜
『無量寿経』『阿弥陀経』	北インド	後二世紀前半
『観無量寿経』	中央アジア・中国	後四〜五世紀

ちなみに、ここで「西北インド」と表記している地域は、現在のインド国内の西北部という意味ではありません。かつての古代インド文明圏における西北地方という意味ですから、現在の国名でいうなら、インド北西部からパキスタンをへてアフガニスタン、もしくはイラン東部にまでいたる広範な地域です。また、コータンは、現在の中国領西端に位置しています。

なお、般若経は大乗仏典のなかでいちばん早く成立し、原型の成立は紀元前一世紀までさかのぼると推測されています。しかも、その後の約千年間にわたり、つぎつぎに拡大（増広）・縮小・派生をくりかえしたため、それらをまとめて「般若経典群」ともよばれます。有名な

『般若心経』は四世紀ころの成立らしく、すでに密教の影響があるとみなす説もあります。また、『観無量寿経』は漢訳しかなく、インド以外の場所で成立したことを示唆しています。

さて、ご覧になっておわかりのように、代表的な初期大乗仏典の原型は、みなそろって北インドから中央アジアで成立しています。このことがもつ意義は無視できません。

つまり、初期大乗仏典は、ブッダにはじまるインド仏教の流れだけではなく、別の要素が加わって成立したのではないか、ということです。別の要素を、もっと具体的にいうと、西方の宗教文化の影響です。たとえば、古代イランの支配宗教だったゾロアスター教とか、さらにもっと西のほうで盛んに信仰されていたミトラ教の影響を考慮せざるをえないのではないか、ということです。

ただし、仏教学の基本である文献学の立場から、このあたりのことを証明するにはいたっていません。正直いって、もし仮に証明された場合、もっぱら大乗仏教を信奉してきた日本の仏教界は、あまりよい気持ちはしないでしょう。仏教の原点にほかならないインド仏教以外の要素が、日本仏教に少なからず混じっているというのは「不純だ！」と感じ、許しがたいとおもってしまう人がいるかもしれません。それやこれやで、この領域の研究には、どうも熱心ではないようにみうけられます。

しかし、造形美術の研究から見た場合、まったく無視できないのも厳然たる事実です。その一例は、弥勒仏です。じつは、弥勒仏には二種類あります。それは大きさの違いに、はっきりあらわれています。一つは等身大の弥勒仏です。もう一つは巨大な弥勒仏です。このうち、等身大の弥勒仏にたいする信仰は、もともとインドにありましたが、巨大な弥勒仏にたいする信仰は、西アジア起源の可能性が強いのです。

いずれにせよ、さきほど指摘した大乗仏教の普遍性は、インド文明以外の文明や宗教文化と接触することで獲得されたとみなしても、さほど無理はないとおもいます。また、インド内部における仏教の歴史を見ても、もともと仏教には、自分には本来なかった要素を、かなり積極的にとりこむ性格もしくは傾向があったことも確かです。これらがあいまって、インド文明という枠組みを超え、仏教が広まっていったとわたしは考えています。

四世紀まで大乗教団はなかった?

大乗仏典の成立にかんしては、このところ従来の学説を根底からゆるがす事態が起きています。震源は近年、インド仏教史研究の領域で画期的な成果をつぎつぎにあげているグレゴリー・ショペン（アメリカ・ブラウン大学）が提唱した学説です。ショペンによれば、四世紀ころまで、大乗仏典はあったけれども、大乗教団は存在していなかったのです。つまり、大乗教団→大乗仏典という順番ではなく、大乗仏典→大乗教団という順番だったというわけです。

これまでは、成熟度はともかく、まず大乗教団が成立し、その大乗教団が大乗仏典を制作してきたと考えられてきました。ところが、この学説にショペンは異を唱えたのです。ショペンにいわせれば、少なくとも四世紀ころまで大乗教団とよばれるべき組織は存在しませんでした。

こういうと、では、いったいどこで大乗仏典は制作されたのか、という疑問が湧いてきます。この疑問にたいするショペンの解答は、かつては小乗仏教とよばれ、いまは主流派とよばれている僧侶たちの組織こそ、大乗仏典の生みの親だったというものです。

ショペンが提出した学説の真偽をめぐっては、日本の学会でもこのところ、かんかんがくがくの論争がつづいていて、まだ決着していません。ただ、従来の学説が大幅な修正を求められていることは、もはや疑いようがないようです。

以上の点に関連して、さらにもう一つ、重要な事実を述べておきます。最近の研究によれば、インド仏教と中国仏教は、かなり早い時点から、別々の道を歩みはじめていたようです。そのため、中国仏教のありようから、いわば逆算するかたちで、インド仏教のありようを推測することができなくなっています。

たとえば、中国では五世紀ころになると、大乗仏教を信奉する立派なお寺が建てられ、僧侶の組織もかっちりした形態ができあがっていました。中国仏教はインド仏教の継承者ですから、後発の中国仏教でこうならば、先輩のインド仏教ではそれに先んじて、もろもろのことがらが発展し整備されていたにちがいないと考えられてきたのです。ところが、ほんとうはそうではなかったのです。この点も、事実は事実として、認めておく必要があります。

大乗仏教の特徴

大乗仏教の定義は、さきほど述べたとおり、「大乗経典を仏説として受容する仏教」です。では、特徴は何かというと、いろいろ指摘できますが、もっとも重要な要素は、「人格をもつ神にたいする信仰」が生まれたことです。また、それまではブッダ＝釈迦如来に限定されていた崇拝の対象が、阿弥陀如来や薬師如来、あるいは毘盧遮那《びるしゃな》如来や大日如来というように、数多くなったことも見逃せません。

「人格をもつ神」、縮めれば「人格神」の典型例は、セム型一神教・ヘブライズムの神です。大乗仏教が崇拝対象としてきた仏菩薩は、もちろんセム型一神教・ヘブライズムの神ではありません。この点は、この章の冒頭で指摘しました。

しかし、大乗仏教が崇拝対象としてきた仏菩薩が、セム型一神教・ヘブライズムの神と、ある面では共通する性格をもつこともまた否定できません。たとえば、『法華経』が説く久遠実成《くおんじつじょう》の本仏としての釈迦如来は、「久遠実成」というくらいですから、永遠の生命の持ち主です。浄土経典が説く阿弥陀如来も、永遠の生命の持ち主とみなされています。さらに、『華厳経』

が説く毘盧遮那如来、『大日経』や『金剛頂経』が説く大日如来は、永遠の生命の持ち主どころか、宇宙の統括者もしくは宇宙そのものにほかなりません。

こういう事実もあります。『法華経』が説くところによれば、歴史上に実在したブッダことガウタマ・シッダールタは、久遠実成の本仏が、地域限定・時間限定で、この世にすがたをあらわしたものとされます。この理屈は、キリスト教において、永遠不滅の神がナザレのイエスというかたちをとって、地域限定・時間限定で、この世にすがたをあらわしたもの、キリスト教の用語でいえば「受肉」したものとみなされるのと、ちょっと見にはそっくりです。

つまり、大乗仏教は、実質的に人格神にたいする信仰なのです。ブッダは人格神にたいする信仰を否定しましたから、大乗仏教はまるで正反対の方向へと転換したといわざるをえません。初期型仏教の衣鉢を継ぐテーラワーダ仏教が、大乗仏教は仏教ではないと非難する理由の一端もこのあたりにあります。

もちろん、大乗仏教の人格神にたいする信仰は、セム型一神教・ヘブライズムの神にたいする信仰と、まったく同じではありません。阿弥陀如来や薬師如来、あるいは毘盧遮那如来や大日如来は、セム型一神教・ヘブライズムの神みたいに、世界創造はしませんし、現実世界に直接、介入してもきません。

セム型一神教・ヘブライズムの神の場合、神と人間の関係はあくまで一方的です。しかも、断絶しています。上下関係も厳格です。なにしろ、ムハンマドにいわせれば、神は主人、人間は奴隷なのですから。したがって、人間が神に成ることは絶対にありません。もしそんなことをいったら、神にたいする最悪の冒瀆として、処刑されかねませんでした。

その点、大乗仏教の場合は、全然ちがいます。たとえば、真言密教を例にとれば、わたしたちは修行しだいで、崇拝対象である大日如来と一つに成ることも可能です。というより、大日如来と一つに成ることこそ、究極の目的なのです。その意味でいうなら、崇拝対象とわたしたちの関係はつながっています。そして、その根拠は、大日如来とわたしたちは、本質的に同じという考え方にあります。こういう考え方は、セム型一神教・ヘブライズムでは、けっして認められません。

でも、いまお話ししたことは、仏教を専門的に学ぶ僧侶なら、それなりに理解できるでしょうが、ごくふつうの人々にとっては難しすぎます。実際問題として、ごくふつうの人々にすれば、大乗仏教の如来たちにたいする信仰は、やはり人格神にたいする信仰以外のなにものでもありません。かれらにとって、キリスト教の神と阿弥陀如来の違いなど、おそらくどうでもいいことでしょう。

葬式仏教のゆらい

現代の仏教界をとりまく状況は、けっしてよくありません。そして、決まり文句のように投げつけられるのが「葬式仏教」という表現です。葬式しかしない仏教、葬式のほかは社会性をなんらもたない仏教という意味です。たしかに、葬式だけに特化した仏教では、非難されても仕方がないところがあります。

ただし、侮蔑的というか揶揄的というか、とにかく「葬式仏教」という表現を悪い意味でつかうことには、問題があります。とりわけ、「葬式仏教」が日本の特有の現象で、本来の仏教とは縁もゆかりもないという認識は、根本的にまちがっています。この点は、仏教の歴史をながめてみれば、一目瞭然です。

まず、「葬式仏教」の起源はブッダにあります。ブッダは死にのぞんで、自分の遺体を火葬にし、得られた遺骨（舎利）を、道が十字に交わるところに塔を建てて、そのなかにまつれと遺言しているからです。しかも、ご丁寧なことに、舎利をちゃんと残すために、火葬の方法までくわしく指示しています。ご自分で確かめたい方は、中村元訳『ブッダ最後の旅』（岩波文庫）をお読みください。この本は、ブッダの最晩年を語る『大パリニッバーナ経』の現代語訳で、仏教を学ぶための必読書です。

また、インド仏教がライバル関係にあったヒンドゥー教などから、「死者をあがめる不気味な宗教」と非難されている事実からも、インド仏教と葬式の深いかかわりがよくわかります。

さらに、スリランカでテーラワーダ仏教の基礎をきずきあげたブッダゴーサ（五世紀ころ）は、ブッダの遺骨にお目にかかることは、現に生きているブッダにお目にかかることとまったく同じと述べていて、火葬によって得られた遺骨が、仏教徒にとっていかに重要な価値をもっていたかがわかります。

ようするに、仏教と葬式は、切っても切れない関係にあるのです。

そもそも、死者とどう向き合うかは、仏教にかぎらず、あらゆる宗教にとって、もっとも大切な課題です。この課題を抜きに、いかなる宗教も成り立ちません。

ところが、第二次世界大戦後の日本仏教界は、どういうわけか、この課題から顔をそむけてきたきらいがあります。戦後の風潮が、生ばかりほめたたえて、死とまっこうから向き合わずにきてしまったことと無関係でないのでしょうが、困ったものです。わたしにいわせれば、宗教がとりあつかう領域は、まず死、つぎに生という順番であるべきです。これは、ブッダが出家した理由が、つまるところ死をいかに克服するかにあったことを考えれば、かんたんに理解できます。すなわち、死を正視することなしに、より良き生はないのです。

つぎに、日本仏教の歴史をふりかえれば、人々が仏教に期待したのは、ほとんどの場合、死者供養にあった事実があきらかです。このことは、室町時代の後半期に、葬式仏教の広がりとともに、お寺の数が爆発的に増えていった事実を見れば、否定のしようがありません。いいかえれば、葬式をちゃんといとなんで、死者を、正確には死者の霊魂を、浄土をはじめ、あの世に無事に送り出すことこそ、仏教の本義だったのです。

埋葬の地に立地した仏教

仏教が最初から葬式仏教だった証拠は、文献だけではなく、考古学の成果からも得られています。具体的な例をあげます。南インドのアーンドラプラデーシュ州にあるアマラヴァティー遺跡が、そのよい事例です。

アマラヴァティーは、紀元前三世紀から紀元後三世紀のころ、南インドを支配していたアーンドラ王国のサータヴァーハナ王朝の首都でした。南インドの仏教センターとして、北のナーランダー、南のアマラヴァティーとたたえられるくらい、繁栄していたのです。繁栄のあかしは、はやくも紀元前三世紀ころ、基壇の直径が四九・三メートルもある巨大な仏塔が建立されていた事実からもあきらかです。

アマラヴァティー遺跡には、注目すべき特徴があります。僧院の立地です。

まず、僧院は城壁の外の、しかし、城門付近にありました。そこは、古代インドの精神世界において正統派を自認していたバラモン教からすれば、まさに「不浄の地」でした。バラモン教の考え方では、城壁で囲まれた都城内部こそ、身分制度においても儀礼の遂行においても、正しい秩序が支配する空間でした。反対に、城壁の外はいかなる意味においても正統とはとてもいえない者たちが活動する空間でした。

しかも、寺院のあった場所は、埋葬の場と重なっていたのです。現に、アマラヴァティーの仏塔から北西にわずか一〇〇メートルしか離れていない場所から、複層化した埋葬跡地が発掘されています。ちなみに、死者を忌避するバラモン教の寺院は、僧院や仏塔がある地域とは正反対の方角にありました。

これはなにもアマラヴァティー遺跡にかぎりません。大乗仏教の空の理論を樹立した龍樹（ナーガールジュナ）が居住していたと伝えられるナーガールジュナコンダも、まったく同じです。僧院は埋葬地にあり、仏塔の付近からは、複数の王がここに埋葬されたことをしめす石柱、ならびに膨大な数の死者が埋葬されていたことをしめす小さな塔が発見されています。

このように、僧院や仏塔が埋葬地と重なり合う場所に立地していた事実から考えて、仏教がごく初期の段階から葬式に深くかかわっていたことは、もはや疑いようがありません。

仏教と科学の関係

仏教に限らず、宗教と科学はとかく対立する関係にあると考えられがちです。西欧の場合をあげれば、一七世紀の後半から一八世紀にかけて大流行した啓蒙主義が、その典型でした。

啓蒙主義は、すべての人間には共通する理性がそなわっているとみなしたうえで、その理性を駆使すれば、全宇宙をつらぬく根本的な法則を理解できると主張しました。それを実現させる具体的な方法論が自然科学であり、理性にもとづく認識がそのまま科学的な研究にむすびつくと考えたのです。

結果的に、宗教と科学は両立しがたくなりました。あるいは、科学をこころざす者の多くは、宗教にたいして否定的な立場をとるようになりました。この傾向はその後もひきつづき、いまもなおつよい影響力をたもっています。

極端な単純化をゆるしていただくなら、それまで神が占めていた地位を、科学が奪いとったのです。すなわち、この世における価値は、科学を頂点として、再構築されました。科学的＝真理という方程式の誕生です。

このことは、現代の日本でもまったく変わりません。科学的であることが最高の価値をもつのです。わたしたちもなにか問題が生じたとき、その判断を科学にゆだねて、なんの疑問も感じません。

そのあげく、仏教の領域でも、ひじょうにおかしなことが起こっています。仏教上の課題を、科学によって証明してもらうことによって、その課題の有効性や妥当性が決められるようになってしまっているのです。

具体的な例をあげましょう。瞑想者の脳波を科学的に測定してもらい、そこに通常とはあきらかに異なる、顕著な兆候が見出されたとします。すると、瞑想の有効性が科学的に証明されたと喜ぶのです。

わたしにいわせれば、じつにばかげたことです。なぜなら、仏教が科学にお墨付きをもらって喜ぶということは、仏教の上位に科学があることをみとめてしまうことにほかならないからです。つまり、仏教が科学に膝を屈しているのです。科学に認めてもらったから正しいという理屈は、仏教にとって屈辱以外のなにものでもないはずです。

ようするに、仏教が科学と矛盾するとか矛盾しないとか、ことさらにあげつらう必要はないのです。ですから、あえて仏教は科学と矛盾しないからすばらしい！と主張するのは、仏教にとって無益な行為です。

また、こんなことをしていると、いつしか手段が目的と化しかねません。さきほどの瞑想時における脳波測定の件でも、脳波に通常とは異なる状態が観測されたところで、その瞑想が仏教の求める境地に直結しているかどうかはわかりません。しかし、人は往々にしてそのあたりを取り違えてしまいがちです。そして、悟りの境地を求めて瞑想するのではなく、脳波に通常とは異なる状態が観測されることを求めて、瞑想するようになるのです。まさに本末転倒もいいところです。

さらに悪くすると、仏教と科学のみだらな癒着が生じます。その最悪の事例を、わたしたちはオウム真理教に見たはずです。かれらは、究極の境地を体験させると称して、ＬＳＤと覚醒剤をちゃんぽんにした薬剤を信者に飲ませました。尋常ならざる心身状態をつくりだしておいて、データとよばれる麻原教祖の言辞を脳に刻みつけ、教祖のために、いかなる命令も躊躇なく実行する戦士に仕立てようとしていたのです。

キリスト教の場合

この問題は、むろんどの宗教にも通じます。しかし、啓蒙主義の洗礼を浴びてきたキリスト教ほど、この問題にまっこうから取り組んでいた宗教はありません。そこで、現代キリスト教が、この問題にどう対処しているか、見てみましょう。

まず最初は、先々代のローマ教皇、ヨハネ・パウロ二世（一九二〇〜二〇〇五）の見解です。この見解は、近代科学の基盤をきずいたニュートンの『プリンキピア』公刊三〇〇年を記念して、ヨハネ・パウロ二世のよびかけにより実現した国際会議「神と自然に関するわれわれの知識」の成果が出版されたとき、その序文として寄稿されたものです。
全体はかなり長いので、もっとも重要とおもわれる箇所を以下に引用します。

一層明確に言えば、宗教と科学の両者は自分たちの自律性とそれぞれの差異を保たねばなりません。宗教は科学に基盤を置くものではなく、また科学は宗教の拡張ではありません。各々はその固有の原理、特定の手法、解釈の多様性および固有の結論を持つべきです。キリスト教はそれ自体のうちにその正当化の源を持っており、科学にキリスト教の第一の護教論を築くよう期待していません。

（柳瀬睦男監訳『宇宙理解の統一をめざして』南窓社、一三頁）

この発言はまことに的確です。これくらい、宗教と科学の関係について、明晰かつ端的に語られた言葉は稀です。ヨハネ・パウロ二世が指摘するとおり、宗教と科学は別の領域に属しているのであって、一方が他方にたいして介入することはできないのです。
つぎに、二〇世紀のプロテスタント神学を代表するパウル・ティリッヒ（一八八六～一九六五）の見解を紹介します。以下は、ティリッヒの代表作の一つに数えられる『信仰の本質と動態』（谷口美智雄訳、新教出版社）からの引用です。これもかなり長いので、肝心なところを選んで、引用します。

自然科学説の真理性は、実在の構造的法則の記述の適切性であり、また実験的反復による記述の検証性である。自然科学的真理は、実在の把握においても、表現の適切性においても、すべて暫定的であり、変更可能である。

……………

だから、もし神学者が自然科学的命題の暫定的性格を指摘することによって、信仰の真理に逃避場所を供しえたと考えるならば、それは科学の真理にたいする信仰の真理の極めて怪しげな防御法である。というのは、もし明日の科学の進歩が、不確実性の範囲を狭めるならば、信仰はさらにそれだけ退却しなければならないからである。そのようなことはまことに面目ないことであり、また無駄なことである。というのは、科学的真理と信仰の真理とは次元を異にしているからである。科学は信仰に干渉する権利も力ももっていないし、信仰は科学を侵害する権利も力ももっていない。

（『信仰の本質と動態』一〇二頁）

ティリッヒは、ヨハネ・パウロ二世よりも、もう少し具体的で、もっと辛辣です。しかし、いわんとしているところは、カトリックとプロテスタントという違いを超えて、完全に一致しています。

教行信証

わたしは自分の講座で宗教について語るとき、「教行信証《きょうぎょうしんしょう》」という言葉をよくつかいます。なぜなら、この言葉くらい、より正確にはこの言葉の並び順くらい、宗教の本質をあらわにする例はほかにないと考えているからです。

日本の伝統仏教界では、「教行信証」というと、浄土真宗の開祖として知られる親鸞の主著『顕浄土真実教行証文類』、略して『教行信証』を指している場合が多いのですが、もともとは「教え」と「修行」と「信仰」と「悟り」を意味していました。つまり、正しい教えにしたがって、正しい修行を実践し、正しい信仰をたもちつづけていけば、悟りが得られるという意味でした。

このように、「教行信証」という場合、「証」は「証明」ではなく、「悟り」を意味しています。では、なぜ、「証」が「悟り」を意味することになるのかというと、「悟り」とは究極の智恵によって証明された結果にほかならないからという理屈です。ということは、「証」にはやはり「証明」という意味がふくまれていることになります。

この点をふまえたうえで考えるとき、もっとも重要なのは、教↓行↓信↓証という順番です。とりわけ、信↓証という順番がとても重要です。なぜなら、この順番は、いわゆる科学的な思考の順番とは、まるで逆になっているからです。

科学では、証明されたら信じましょう、です。いいかえれば、証明されなければ、信じるに足りません。現代では、科学にとどまらず、日常生活のほとんどの分野を、証明されたら信じましょうという発想が支配しています。

でも、宗教はちがいます。信じるからこそ、証明があるのです。このことは、洋の東西を問いません。

現代人が宗教にたいして、どこかうさん臭いと感じがちな原因は、おそらくこのあたりにあります。なにしろ、現代社会では科学的な思考方法こそ最高の思考方法とかたく信じられているのですから、当然の帰結です。

しかし、科学は万能ではありません。科学にも、できることとできないことがあるのです。少なくとも、まっとうな科学者はそう認識しています。その「できないこと」のかなり大きな部分をになうのが宗教だとわたしは考えています。そして、仏教には、ほかの宗教にも増して高い可能性と、その可能性にともなう責任があると考えています。

第2章

仏教と経済の親しい関係

デーヴァダッタ（提婆達多）はなぜ極悪人になったのか

デーヴァダッタという人物をご存じでしょうか。漢字で書くと、提婆達多《だいばだった》。提婆と略されることもあります。仏教史上、最悪の人物、極悪人とされてきた人物です。ほとんどの仏伝には、ブッダに嫉妬し、殺害しようとはかったものの、みごとに失敗し、生きたまま最悪の地獄とされる無間《むけん》地獄に堕《お》ちたと書かれています。

ここでは、そのデーヴァダッタが極悪人とされてきた理由を考えてみます。結論から先にいってしまうと、デーヴァダッタが極悪人とされてきた理由は、ながらく語り伝えられてきたように、かれの人格がどうのこうのというのではなかったのです。ブッダを中心としてかたちづくられた教団組織にたいする見解の相違にこそ、デーヴァダッタが極悪人に仕立て上げられたほんとうの理由があったのです。そして、それは仏教と経済活動という問題に深くかかわっていました。

デーヴァダッタはブッダの従兄弟で、晩年のブッダがいちばんかわいがっていたアーナンダ（阿難）の兄弟という説が有力です。年代的には、一世代以上は下だったようです。仏伝によれば、ブッダの七三歳の誕生日に事件が起きました。デーヴァダッタが、出家僧として守るべき行動規範をブッダにつきつけたのです。それは以下の五箇条でした。
①出家僧は人里離れた場所で生活し、かつ修行しなければならない。
②乞食《こつじき》で食べ物を得て、食事の接待を受けてはならない。
③ぼろの衣を着て、信者から衣服をもらってはならない。
④修行はもっぱら屋外でなすべきで、屋内で修行してはならない。
⑤肉や魚、牛乳やバターを食べてはならない。
ようするに、禁欲的な行動規範です。逆にいえば、そのころブッダはここまで厳しい行動規範を弟子たちにもとめてはいなかったということです。

デーヴァダッタのこの要求を、しかし、ブッダは拒否しました。その結果、デーヴァダッタはブッダの教団から、自分に賛同する者たちをひきつれて離脱しました。つまり、ブッダの教団を分裂させてしまったのです。見方を変えれば、デーヴァダッタ教団の創始です。

しかし、デーヴァダッタが要求した五箇条の内容は、じっくり読んでみれば、それなりの意味があり、過激とまではいえません。デーヴァダッタの人格も、かれがひきいた教団が、その後ながらく存続した事実をみると、極悪人だったとはおもえません。

たとえば、五世紀の初めころ、中国からインドへ求法の旅に出た法顕《ほっけん》(三三七~四二二)が記した『高僧法顕伝』によれば、かれはインドとネパールとの国境付近で、デーヴァダッタ教団の僧侶と出会っています。同じく、七世紀の前半に、中国からインドへ留学した玄奘《げんじょう》三蔵（六〇〇～六六四）の『大唐西域記《だいとうさいいきき》』にも、インド東部のガンジス河下流にあった街で、玄奘がデーヴァダッタ教団の僧侶と出会ったという記述があります。さらに、玄奘から四〇年ほどおくれてインドを訪れた義浄は、かれが漢訳した『根本説一切有部百一羯磨《こんぽんせついっさいうぶひゃくいちかつま》』の註に、やはりデーヴァダッタ教団の僧侶と出会ったと書いています。

この三人が出会った僧侶たちはいずれも、さきほどあげた五箇条を忠実にまもっていたと書かれていますから、デーヴァダッタ教団の僧侶だったことに疑いはありません。ということは、デーヴァダッタが創始した教団は千年も存続したことになります。この事実をみれば、デーヴァダッタ教団がでたらめな教団だったとは、とてもおもえません。もちろん、デーヴァダッタ自身もかなり立派な人物だったにちがいありません。

では、なぜ、デーヴァダッタは仏教史上の極悪人という汚名を着せられたのでしょうか。それはかれがブッダの教団を分裂させたからにほかなりません。こんにちでも、それがどのような組織であれ、組織を分裂させることは、組織の維持をなにより大事と考える人々から、最悪の行動として容赦なく糾弾され、分裂を画策した者もきびしく非難されます。まったく同じ理由で、デーヴァダッタもまた、ブッダの教団から極悪人というレッテルを貼られるはめになったと考えるのが、自然です。

鍛冶屋のチュンダさん

ここで注目すべきは、デーヴァダッタが指摘した五箇条です。デーヴァダッタがこういう主張をした背景には、ブッダの在世時ですら、出家僧の日常生活がもうすでに禁欲的でも清貧でもなかった事実をうかがわせます。

では、なぜ、禁欲的でも清貧でもなかったのでしょうか。ここで考えなければならないのは、禁欲と清貧の違いです。むろん、ブッダは弟子たちに禁欲と清貧を求めましたが、禁欲に比べれば、清貧を求める度合いはやや弱かった気がします。

その一端は、『ブッダ最後の旅』を読んでみても、ブッダやそのご一行さまは、ずいぶん贅沢な食事を供されていることからもわかります。たとえば、ブッダが最後にとった食事は、鍛冶屋のチュンダさんが用意した「美味しい噛む食物」と「柔らかい食物」と「豚肉料理」というぐあいでした。事実、漢訳本には「多美飯食」と書かれています。また、食物をもる食器も銅製のりっぱなお皿やお椀だったようです。

「豚肉料理」はブッダの死因になったことでも有名です。ブッダはこの料理を食べて、血便を垂らしたと伝えられますから、食中毒か赤痢のような症状だったと推測されます。

原典に「スーカラ・マッダヴァ」と記されているこの料理は、以前は「豚肉料理」ではなく、キノコ料理というのが通説でした。しかし、最近では「豚肉料理」でほぼ決着がついています。テーラワーダ仏教の基礎をきずきあげたブッダゴーサによれば、「若すぎず老いすぎない上等の野豚の生肉」です。ブッダ最後の旅は、インドではいちばん暑い時期にあたる四月から五月ころでしたから、それでなくてもいたみやすい豚の生肉を食べたら、あたる可能性はかなり高かったとおもわれます。

なお、ブッダは大食や過食はきびしくいさめましたが、食品の種類については頓着していません。あらたに動物が殺されることはもちろん厳禁ですが、すでに調理された物や残り物であれば、かまわなかったのです。もし仮に、ブッダが肉を食べていなければ、デーヴァダッタがあえて肉食を禁止しようといい出すはずがありません。

仏教と経済活動

生前のブッダにとって、最後の食事は鍛冶屋のチュンダさんが用意したものでした。この食事は、いったい何人分だったか、ご存じでしょうか。ブッダはつねに複数の弟子たちにかこまれていました。このときも、おおぜいの弟子たちをひきつれていました。問題はその数です。

じつは半端でなく多かったようなのです。数十人ていどではありません。おそらく五〇〇〜一〇〇〇人くらいはいたのではないか、と推測されています。

となると、用意しなければならない食事の量も尋常ではありません。おまけに、神に勝るとも劣らないというくらい、尊敬されていたブッダがひきいるご一行さまです。食事の質もそれなりのものが用意されていたにちがいないのです。

そうなると、今度は鍛冶屋のチュンダさんがもっていた経済力が問題になってきます。どう考えても、貧しかったわけがありません。その証拠に、チュンダさんはマンゴー林も所有していました。そこでブッダの説教を聞き、感激したので、翌朝、自分が食事を用意するといい出したのです。

いまの日本では、鍛冶屋という職業そのものが、失礼ながら絶命危惧種に近くなっていますが、かつては農機具や鍋釜みたいな日常生活の必需品からはじまって、戦いに欠かせない武器の製造にいたるまで、人々が生きていくうえで、なくてはならない存在でした。まして古代ともなれば、洋の東西を問わず、金属にまつわる仕事はひじょうに貴重で、いまでいう先端技術にたぐいするものだったのです。むろん、特殊な技能の持ち主として、高い収益をあげられる職業でもありました。その反面、インドの社会では、賤しい職業とみなされ、差別の対象でもありました。

この事実は、仏教と経済活動の関係をよくあらわしています。アマラヴァティー遺跡の発掘からわかったように、古代インドでは、経済活動は不浄とみなされていました。経済活動をおこなう人々、すなわち商人たちも不浄なる存在とみなされていました。そういう不浄なる存在と、仏教は深い関係にあったのです。

「祇園精舎の鐘の声、諸行無常の響きあり」と、平家物語の冒頭にうたわれる祇園精舎は、ご存じのとおり、仏教にとって最初の僧院として建立されました。この有名な僧院は、大富豪のスダッタが寄進したものでした。つまり、仏教は発足の当初から、不浄なる存在とされていた商人とかかわっていたのです。

豊かな僧院生活

さきほどふれたグレゴリー・ショペンによれば、大乗仏教が興隆期にあったころ、すなわち一〜五世紀ころ、僧院では清貧はあまり重視されず、むしろ物質的にはけっこう豊かだったらしいのです。個々の僧侶たちが、金銭をはじめ、そうとうな私有財産をもち、金持ちだった証拠も見つかっています。

僧侶たちの所持品のなかには高価なものも少なくなく、課税対象だったことも判明しています。そのころ、徴税所は山道や川の浅瀬や村の入口にもうけられていました。僧侶たる者は、布教のためにあちこちを遊行しましたから、徴税所を通らざるをえません。その際、課税対象になる物品をもっていれば、税を支払う必要があったのです。戒律でも、税を逃れれば、悪を犯すことになると規定されていました。

僧侶がけっこうな資産の持ち主とみなされていた理由は、ほかにもありました。インド仏教では、僧侶は自分が出家したのちも、両親を養う義務がありました。僧侶になってしまえば、もう働けないのですから、資産がなければどうしようもありません。いいかえれば、それなりの資産がなければ、出家できなかったということです。

以上の事実から、僧侶たちは出家するにあたり、個人的な資産や私有財産を放棄していなかったことはあきらかですし、実際にかなりの物持ちだったこともあきらかです。

また、帰依者が寄進する場合、それが特定の僧侶にたいしてなのか、それとも僧院にたいしてなのか、厳密に区別されていました。つまり、特定の僧侶に寄進された金銭や物品は、あくまでその僧侶個人の所有に帰し、僧院全体で共有されることはなかったのです。それどころか、僧侶が自分に寄進された金銭や物品を、僧院に譲渡することは厳禁されていました。

僧侶が私有財産をもつことは、法の上からも認められていました。そして、個々の僧侶は、それが自分の私有財産であることを明示するために、印章を所有していました。興味深いことに、印章には二種類ありました。一つは個人の印章、もう一つは僧院の印章です。戒律にもこの点が記されていますし、僧院の遺跡からもこの二種類の印章が大量に発掘されています。

ようするに、古代インドの僧院では、こういうかたちで、財産がきちんと管理されていたのです。そのほか、遺産相続にまつわる規定もありました。ということは、規定をちゃんと作らなければならないくらい、多額の遺産を残す僧侶が少なからずいたことになります。

ブッダもサーリプッタもモッガラーナたちもお金持ち

ショペンの研究によれば、ブッダもその直弟子たちも、みんなお金持ちと考えられていました。たとえば、一〜二世紀ころに成立したと推測されている根本説一切有部律などの古い文献に、ブッダとサーリプッタ（舎利弗《しゃりほつ》）とモッガラーナ（目犍連《もっけんれん》、目連《もくれん》）はつねに「きわめて裕福な人」として描かれています。

クシナーラー村でいとなまれたブッダの葬儀を仕切ったマハーカッサパ（大迦葉《だいかしょう》）もまた、すこぶる裕福だったと信じられていました。ブッダの供養にかれがついやした供物の質と量から、マハーカッサパが個人的に所有していた財産は、クシナーラー村の所有していた全財産よりも多かったからです。それのみか、ブッダの入滅後、マハーカッサパが実質的な後継者となった背景には、かれの莫大な財産が関与していた可能性があるようです。

ほかのところはいざ知らず、少なくとも古代インドでは、敬われ尊ばれる者は、物的な財産を獲得し、そうでない者は獲得できませんでした。逆にいえば、物的な財残の多寡で、その人物の宗教的ならびに社会的な地位は評価されたのです。そして、宗教的な地位と社会的な地位は、不可分な関係にありました。したがって、財産をたくさん所有することは、とてもよいことだったのです。そもそも、ブッダ自身からして、大金持ちとみなされていました。たしかに根本説一切有部律の『雑事《ぞうじ》』には、こう書かれています。

仏陀世尊は、王、大臣、バラモン、在家者、都会の人々、田舎の人々、金持ち、重要な商人、貿易商たちから敬われ尊ばれ称讃され崇められていた。それゆえ、世尊は、衣、施食、寝具、薬、所属品を手に入れられた。

さらに、ショペンは、根本説一切有部の『アヴァダーナ・シャタカ（百物語）』という文献を引用して、ブッダがいかに大金持ちとみなされていたか、もっと具体的に述べています。

仏陀世尊は王、大臣、バラモン、在家者、都会の人々、田舎の人々、金持ち、重要な商人、貿易商、神々、龍、夜叉、阿修羅、迦楼羅《かるら》、緊那羅《きんなら》、摩睺羅伽《まごうらが》たちに敬われ尊ばれ称讃され崇められ、神々、龍、夜叉、阿修羅、迦楼羅、緊那羅、摩睺羅伽たちにほめたたえられ、仏陀世尊は、有名で金持ちで、衣、鉢、寝具、薬、所属品を持ち、しかじかの場所に、弟子衆と共に住しておられた。

『アヴァダーナ・シャタカ』には、こういうぐあいにブッダを大金持ちとして描写する場面が、なんと百回もあるそうです。『アヴァダーナ・シャタカ』は二～四世紀ころに成立したらしいので、この時期にはブッダは大金持ちだったという認識がかなり一般化していたようです。

大乗の菩薩たちも同じ

大乗仏典でも、事情は変わりません。もっとも初期の大乗仏典とされる『八千頌般若経《はっせんじゅはんにゃきょう》』には、大邸宅をもつ大金持ちの菩薩が登場します。その名はダルモードガタ（法上）といい、栄耀栄華をきわめるガンダヴァティーという都市に住んでいます。そのガンダヴァティー市のようすは、以下のとおりです。

（その都市は）七重の城壁にかこまれ、七重の壕と七重のターラ樹の並木がめぐらされていて、縦は十二ヨージャナ、横も十二ヨージャナあり、富み、栄え、安全で、食料も豊富であり、多数の人々が群がり住み、色彩豊かな絵のように美しい五百の商店街によって貫かれ、………。

（梶山雄一・丹治昭義訳『大乗仏典3　八千頌般若経Ⅱ』中央公論社）

そんなガンダヴァティー市で、ダルモードガタ菩薩は、つぎに引用するように、贅沢三昧の暮らしをしています。

そのガンダヴァティー市のなかの四辻の中央にダルモードガタ（法上）という菩薩大士の邸宅があり、その周囲は一ヨージャナもある。七宝ででき、きらびやかで美しく、七重の壁、七重のターラ樹の並木によってとりかこまれている、その邸宅内に、家人が使用し、楽しみ、享受するために四つの遊園がある。

……………

その（邸宅）のなかで、ダルモードガタ菩薩大士は、従者にとりまかれ、六万八千人の婦人とともに、五種の（感覚的）欲望の対象（五欲）を充分に受け、満喫しながら、遊び、楽しみ、歓楽している。

……………

しかるに、かのダルモードガタ菩薩大士は、従者とともに、しばしのあいだ、遊び、楽しみ、歓楽するが、そのあと、日に三回、知恵の完成を講義するのである。

（梶山・丹治訳、同書）

こういう傾向はなにも『八千頌般若経』にかぎりません。『維摩経』の主人公、維摩居士もまた、都会に住む大商人で、むろん大金持ちです。『法華経』でも、大邸宅に住み、おおぜいの使用人をかかえる大金持ちたちがぞくぞくと登場してきます。

『法華経』の例をあげましょう。「火宅」の譬えで有名な譬喩品には、やはり大金持ちが登場してきます。

都会か田舎か、町か村か、わかりませんが、どこかあるところに、大金持ちがいるとしましょう。年をとり体力は衰えましたが、財産ははかりしれないほどもっています。所有する土地や家は多く、召使いたちもたくさんかかえています。

邸宅は広大ですが、門はたった一つしかありません。邸宅のなかには、百人や二百人どころか、五百人も住んでいます。

(正木 晃 訳)

キリスト教の新約聖書「ルカ伝」第十五章の「放蕩息子の帰還」に、たいそうよく似た話が語られる信解品の主人公もまた、尋常ではない大金持ちです。

（かれは）大きな邸宅を建て、五欲、すなわち財欲・色欲・飲食欲・名誉欲・睡眠欲をすべて満たして、人生を謳歌しました。

かれの家は大いに富み栄え、金、銀、シャコガイ、瑪瑙、真珠、水晶などをたくさん所有し、象、馬、牛、羊、豪華な乗り物をたくさんもち、小作人、使用人、配下の人々もたくさんかかえていました。

商売を手広くいとなみ、外国とも取引し、あまたの商人たちが出入りしていました。とてつもない数の人々から敬意を受け、いつも王様と親しく付き合っていました。地域の有力者たちからも尊敬され、さまざまな関係から、行き来する人の数もたいそう多いのでした。

この人が富み栄えていたようすは以上のようで、たいへんな権勢を誇っていました。

（正木　晃　訳）

高徳の僧侶＝お金持ち

このように、主流派（小乗仏教）と大乗仏教とを問わず、不正な行為によって金品その他を手に入れたのでないかぎり、お金持ちであることはまったく批判されていません。

以上の事実をふまえて、ショペンはこう主張します。なお、［　］内はわたしが補った部分です。

［一〜二世紀ころに成立したと推測されている］根本説一切有部律の時代までに、宗教的な学識とか高潔さそのものが採点されるに際して、それが少なくとも社会的には物的財産の所有によって決定されるようになっていたということです。いずれにせよ、われわれはほぼ同じ地点に到達します。つまり、このような僧院制度においては、「あなたはあなたが所有するものだ」ということなのです。あなたが偉大であれば、あなたはそれだけ多く所有します。この公式は逆であったかもしれません。われわれが見てきた文章の内、決してすべてではないのですが、そのいくつかにおいては、物的な品物の所有が、仏教僧院内における地位決定の一要因として一般的に認められている年功（法臘）と重なり、あるいは並行します。やはりすべてというわけではありませんが、多くの金持ちで有名な僧たちは、古参の僧、あるいは長続きした僧でもあるのです。このことは最も有名な僧たちの場合も同様です。

（G・ショペン『大乗仏教興起時代　インドの僧院生活』春秋社、二一八頁）

この結論めいた記述は、インド仏教にたいして従来、わたしたちがいだいてきたイメージとはほど遠い内容です。しかし、ショペンの論考がかなり高い説得力をもつことは認めざるをえません。

ショペンの見解は、こういう事例からも、ある程度まで補強できます。その事例とは、かの玄奘三蔵がナーランダー大僧院に留学していたときのことです。

かれは最上級の待遇を享受したのです。著書の『大唐西域記』によれば、僧院内に立派な部屋をあてがわれ、毎日、柑橘類のシトロンの実を一二〇個、ヤシ科の檳榔の実を二〇個、ナツメグを二〇個、樟脳一両、米一升を支給されています。しかも、かれが支給された米は、マガダ特産の、黒豆ほどもある大粒の風味のよいものであり、国王や高僧、貴人たちのみに供される「供大人米」でした。

そのほかにも、油を月に三斗、バターや牛乳は毎日、必要なだけあたえられていました。いっさいの雑事はたずさわる必要はなく、外出には象の背の上にしつらえられた輿に乗ることが許されていました。ここまでの待遇は、数千人といわれたナーランダー大僧院所属の僧侶のなかでも、わずか一〇人しかいなかったのです。

ちなみに、このナーランダー大僧院の敷地は、アームラとよばれた大金持ちの私有地だったものを、五〇〇人の商人たちが共同で買いとって、ブッダに寄進したという伝承があります。全盛期には、学生の数が一万人以上、教師も千人を数えたといわれ、敷地内には九階建ての校舎のほかに、六つの寺院と七つの僧院がありました。そして、図書館には五〇〇万冊にもおよぶ蔵書があったといいますから、古代世界における最大の教育施設だったようです。

これだけの人材と施設を維持するためには、膨大な経費が必要だったにちがいありません。となれば、この大僧院の経済力は桁違いだったことになります。

チベットでも

仏教にとんでもない額のお金がかかったことは、インドの大乗仏教をかなり忠実に継承したチベットでも変わりませんでした。なによりまず、インドから高名な僧侶を招くためには、莫大な支度金が欠かせなかったのです。

よく知られた実例は、ナーランダー大僧院とともに、二大僧院として権威を誇ったヴィクラマシーラ大僧院の学頭アティーシャ（九八二〜一〇五四）をチベットに招くにあたっては、人間の首から下の重量に匹敵する黄金が用意されています。

この黄金は、もとはといえば、当時、イスラム教徒との戦争に敗北して捕虜になっていた西チベット王の身代金でした。ところが、老齢の王が、母国へ帰還できたところで、もういくらも生きられない自分の生命を救うよりも、インドから令名高い僧侶をチベットへ招聘するように遺言したために、転用されたのです。つまり、インドの高僧には、一国の王の生命と同じ価値があるとみなされていたというわけです。

八世紀以降、仏教史に名をのこす偉大な僧侶たちが、つぎつぎにインドからチベットへおもむいた背景は複雑でした。ヒンドゥー教やイスラム教に圧迫されて、衰えるばかりのインド仏教の行く末にたいする不安から、新天地のチベットへの布教を推進するという宗教的な使命感が、その理由としてよく指摘されますが、それだけではなかったのです。アティーシャのように、莫大な支度金が得られるという、きわめて実利的な理由もあったのです。

ただし、インド仏教の名誉のために申し添えておけば、これらの莫大な支度金は、基本的に、個々の僧侶にたいしてではなく、その僧侶が所属する僧院にたいして支払われました。そして、劣勢をよぎなくされ、経済状態も傾きつつあった僧院の建て直しに使われたのです。

また、チベット国内でも、高徳の僧侶には、莫大な金品が寄進されました。そのよい例は、首都ラサにある大昭寺の、チョカンとよばれるお堂にまつられているチョオー・リンポチェという仏像に見られます。

この仏像は、チベットを初めて統一したソンツェンガンポ王（五八一〜六四九）のもとに、唐から嫁いできた文成公主が、母国からとりよせたと伝えられ、出家前の釈迦の姿をうつしていると伝えられます。チベット人にとって、生涯の夢はこのチョオー・リンポチェを拝することであり、チベット各地から遠路はるばる訪れる巡礼者が、いまなお絶えません。

このほぼ等身大の仏像は、全身を、文字どおり金銀財宝で荘厳されています。その質と量たるや、空前絶後というしかありません。全身を黄金でおおわれているのはもとより、ヘアーバンドと額に、何カラットあるかわからないくらい大きなダイアモンドがはめ込まれているのをはじめ、最高品質のありとあらゆる宝石で飾り立てられています。総額いくらになるか、まったく見当もつきません。

じつは、これらの金銀財宝は、もとはといえば、チベット最大の宗派で、ダライ・ラマを最高指導者に擁するゲルク派の開祖、ツォンカパ（一三五七～一四一九）に寄進されたものでした。それをツォンカパが、敬愛するチョオー・リンポチェを荘厳するために、すべて寄贈したのです。この事実から、ツォンカパがとてつもない財産の持ち主だったことがわかります。

三階教の資本運用

話はところを変えて、今度は中国です。中国にも、仏教と経済の関係を考えるうえで格好の事例があります。三階教《さんがいきょう》です。

三階教は、後漢の滅亡後、大混乱がつづいた南北朝時代の末期に、北斉の信行（五四〇～九四）が開き、隋から唐中期にかけておおいに栄えた宗派です。

名称の「三階」は、正法《しょうぼう》・像法《ぞうぼう》・末法《まっぽう》という三段階の仏教の時代区分を、第一階・第二階・第三階というぐあいに、独特の表現をもちいたことにゆらいしています。もちろん、信行の認識では時代はすでに末法、すなわち第三階に突入していました。

第三階の時代ともなれば、ありとあらゆる人はみなそろって罪深く、愚劣な資質しかもちあわせていないので、これまでの教えではもはや救いは得られない、と信行は主張しました。僧侶も例外ではありません。三階教では、僧侶のことを「鈍根瘂羊僧《どんこんあようそう》」、愚劣な資質しかない、バカな羊みたいな奴とよんでいたくらいです。

したがって、もし救いを求めるのであれば、僧侶も在家の人々も、まずはおのれの罪深さ、愚劣さをとことん自覚しなければならない。そのうえで、特定の仏菩薩、特定の経典にこだわらず、ありとあらゆる仏菩薩と経典をあつくあがめ、人々のなかにわずかながら残っている仏性、つまり成仏の可能性にたいして誰彼となく敬礼《きょうらい》し、布施に徹底して、財物を寺に寄進するしかない、と説きました。

ここで注目すべきは、最後の布施行の徹底です。布施行として寄進された財物は、「無尽蔵《むじんぞう》行《ぎょう》」の名のもとに、中核寺院だった長安の化度寺の無尽蔵院や各地の三階教寺院の功徳所にあつめられ、資本運用されたのです。

「無尽」という言葉は、広辞苑を引くと、①「尽きないこと」②「庶民金融の一。頼母子講《たのもしこう》と同じ」と説明されています。三階教の資本運用が該当するのは、いうまでもなく②です。そこで、「頼母子講」を引いてみると、こう説明されています。「互助的な金融組合。組合員が一定の掛金をなし、一定の期日に抽選または入札によって所定の金額を順次に組合員に融通する組織。鎌倉時代から行われた。無尽。無尽講」。

この無尽の起源は、古代インドでした。根本説一切有部律などにその旨の記載があります。そこでは、無尽は、寺産の利用法として、質物を入れて利息付きにて貸出し、利子を得て寺院経営の一助となすことと規定されています（友松圓諦『仏教経済思想研究』春秋社）。ちなみに、友松先生の研究によれば、この無尽にたいし、経済力の豊かだったインド南部を拠点とする化《け》地部《じぶ》や法蔵部のような部派は否定的、反対に経済力のあまり強くなかったインド北部を拠点とする根本説一切有部や大衆部《だいしゅぶ》のような部派は肯定的だったそうです。

三階教の場合は、『華厳経』や『維摩経』に、僧侶や恩師や貧者などにお布施をすれば功徳が得られる、という意味に使われている「敬田《きょうでん》」や「悲田《ひでん》」を、「無尽蔵物を以て、貧下の衆生に施す」というぐあいに、本来の意味とは異なる方向へ強引に解釈し、仏道修行と追善供養のための行為として、無尽を正当化しています（道端良秀『唐時代仏教史の研究』法蔵館）。

三階教のその後

道端先生は、こういう発想は中国仏教に独特のもので、インド仏教にはなかったのではないか、と推測しています。なぜなら、インド仏教における無尽はあくまで経済行為であって、慈善的な要素は感じられないからです。その意味からすると、少なくとも古代の段階では、インド仏教のほうが中国仏教よりもビジネスライクだったようです。

いずれにせよ、三階教は無尽によって得られた資金を使って、伽藍の修理と貧民の救済、ならびに万民の供養を実践したのでした。しかも、貸し借りの方法もいたって簡単で、証文すら作成せず、期限が来たら返済すればよいというように、債務者にとってまことに有利な仕組みだったようです。まさに仏教の慈悲の精神にもとづく慈善事業だったのです。

ただし、三階教に問題がまったくなかったわけではありません。どの時代であれ、またどの地域であれ、金品が必要以上に蓄積されれば、そこに腐敗がきざしがちだからです。

開祖の信行自身は、文字どおり一切無一物の生涯を貫き、ひたすら布施と乞食に徹しました。臨終にあたっては、遺体の埋葬をゆるさず、山野の鳥獣に供養するように遺言しているくらいです。

しかし、後継者たちは必ずしも開祖の精神をうけつぎませんでした。本来の目的を逸脱して、いちずに利を求めて高利貸しと化してしまいました。また、賃貸証書を改竄したり捏造したりと、詐欺的な不正行為も横行しました。なかには、無尽を担当する僧侶が、金品に目がくらんで、盗み出すようなことまで起こっています。

その結果、隋でも唐でも、権力から何度も弾圧をこうむるはめになりました。とりわけ、楊貴妃との熱愛で有名な唐の玄宗皇帝による弾圧はきわめて厳しく、三階教が得意とした無尽のみならず、三階教そのものが徹底的に禁止されたのです。

背景には、三階教の教義もかかわっていました。特定の仏菩薩、特定の経典にこだわらず、ありとあらゆる仏菩薩と経典をあつくあがめるという方向性が、既存の仏教界からすれば、受けいれがたいものでした。さらに、当時は原則として、一つの寺院のなかにいろいろな宗派が混在していたのにたいし、三階教は自分たちだけの寺院を建立し、そこに志を同じくする者が、僧俗の別なくあつまり住んで、すこぶる積極的に布教につとめました。こういう態度は、既存の仏教界だけでなく、厳格な身分制度をたもちたい政治権力からも、危険視されたのです。

こうして、三階教は歴史の表舞台から消え去りました。ところが、そのあとに思わぬ展開が待っていました。三階教が弾圧される際に、その理由とされた無尽が、しぶとく生き残ったのです。それどころか、庶民金融のすべとして、時代を超えてますます盛んになっていきました。また、三階教を敵視していた既存の仏教界も、三階教の真似をして、無尽に進出したのですから、なにをかいわんやです。現に、唐や宋の時代には、金銭を保管料付きで預かる「櫃坊《きぼう》」という組織が寺院のなかに設置され、いまの銀行にあたる業務を担当していた事実がわかっています。

行基と融通念仏宗

奈良時代の日本で大仏建立などに大活躍し、「菩薩」とあがめられた行基が、三階教の影響を受けていたという説があります。日本に初めて三階教の典籍をもちこんだのは、唐に留学して玄奘三蔵に学んだ道昭《どうしょう》（六二九〜七〇〇）でした。この道昭が三階教になみなみならぬ関心をいだいていたらしく、『明三階仏法』と『略《りゃく》明《みょう》法界《ほっかい》衆生《しゅじょう》根《こん》機《き》浅深《せんりゃく》法《ほう》』という主要な典籍をもちかえってきた可能性が指摘されています。

行基は道昭の弟子だったと伝えられますから、道昭をつうじて三階教の教えをうけついだとみなしても、そんなに無理はありません。

もし仮に、行基が三階教の影響をうけていたとすれば、それはそのころ仏道修行の中核にあった山林修行を否定し、人々が数多くあつまる都市を仏道修行の場に設定するという点だったとおもわれます。行基はたしかに、平城京で貧民の救済と民間への布教を実践し、行基を中心として、さまざまな階層の人々から構成される大きな集団をつくりあげていて、三階教に通じるところははなはだ大です。

ただし、行基が三階教の無尽について、どこまで知っていたか、まったくわかりません。そもそも、奈良時代の日本は経済的にはまるで未熟で、先進国の中国みたいな、金融にたぐいする発想や機関は、影も形もありませんでした。

教義の面からは、平安末期に天台宗の良忍《りょうにん》（一〇七三〜一一三二）が開いた融通《ゆうずう》念仏宗と三階教の類似が見られます。融通念仏宗は、念仏という名がしめすとおり、口称の念仏で浄土に往生できると説く浄土教系の教えですが、『華厳経』と『法華経』という、浄土教とは縁がなさそうな経典を正依《しょうえ》、つまり主要経典にして、ほかの浄土教系の宗派がみな主要経典に設定している『無量寿経』と『観無量寿経』と『阿弥陀経』を傍依《ぼうえ》、つまり副次的経典とする点に特徴があります。また、融通念仏宗の「融通」は、「一人の念仏が万人の念仏に融通できる」という教義にゆらいします。

ただし、この融通念仏宗も、三階教の無尽とはなんら関係はないようです。

鎌倉時代に始まった無尽

日本の無尽は鎌倉時代に始まったというのが、現時点の通説です。しかし、広い意味の金融は、寺院で平安初期からおこなわれていました。

典型例は祠堂銭《しどうせん》です。祠堂銭とは、故人の冥福を祈るために、御霊屋《みたまや》とか持仏堂ともよばれた祠堂の管理や修繕、あるいは供養のための費用として、寺院に寄進する金銭のことです。この祠堂銭を元手として、広い意味の金融がおこなわれていたのです。

とはいえ、いわゆる寺院金融が盛んになったのは、やはり鎌倉時代になってからでした。無尽にかんする最古の史料は、鎌倉時代の後期にあたる建治元年（一二七五）のもので、そこでは「憑支《たのもし》」と表記されています。憑支は、いうまでもなく、頼母子の当て字です。頼母子の語源は「田の実《たのむ》」にゆらいするという説が有力です。

ちなみに、この古文書の内容は、不正行為の告発です。高野山の荘園を管理していた荘官たちが、頼母子と称して、百姓たちから金銭を集めながら、自分たちは懸金《かけきん》を負担していないのは不正行為だと訴えているのです。このことから、この時期の無尽は、百姓と荘官などが講を組織し、定期的に懸金を供出する融通機関だった事実がわかります（井原今朝男『史実 中世仏教』第2巻、興山舎）。

では、なぜ、高野山で無尽・頼母子が開始されたのか。その答えを、井原先生は、つぎのように推測しています。高野山では、僧侶たちが、寺院内の融通機関として相互扶助組織を設立し、それが無尽・頼母子に発展し、やがてその無尽・頼母子が、高野山の寺院内にとどまらず、高野山が所有していた荘園にまで拡大されたのではないか……。

日本でも、僧侶が私財のために金銭や米穀を貸し借りすることは、戒律で禁じられていましたが、寺院の修理や造営のためであれば公認されていました。したがって、高野山の無尽・頼母子も公認されていたようです。

興味深いのは、少なくとも中世における無尽・頼母子は、無利子の場合と有利子の場合があったという事実です。そして、有利子の場合は無尽とよばれ、無利子の場合は頼母子とよばれていたのです。たとえば、寺院の修理や造営のためであれば、無利子の頼母子とみなされ、それ以外は有利子の無尽とみなされていました。

問題は、無尽の場合の利息です。年に換算すると、なんと六〇パーセントという高利だったのです。現代なら、あまりに高利すぎて、監督の官庁から指導されるに決まっているくらいの利息です。いくら悪徳業者でも、ここまではなかなかできません。しかし、中世における一般金融では、利息は年率にして一〇〇パーセント、すなわち倍返しが常識でしたから、これでも安いほうだったのです。

日本史の教科書をひもとくと、鎌倉時代や室町時代のところに、武士や庶民が借金に苦しんだあげく、どうしようもなくなって決起し、借りた金銭をちゃらにしてもらう「徳政令」を、ときの政府に要求したと書かれています。たしかに、利息一〇〇パーセントでは、ちょっと返済をおこたると、天井知らずの金額になってしまいますから、たまったものではなかったでしょう。どうやら、「坊主丸儲け」は、このころからあったようです。

高野山の実像

高野山というと、日本有数の聖地とばかり考えられがちですが、中世の高野山は聖俗入り混じる巨大組織そのものでした。史料によれば、鎌倉時代の後期、高野山には、正規の僧侶として認定された者が約三〇〇〇人いました。現在、高野町の全人口が約四〇〇〇人ほどですから、正規の僧侶だけで約三〇〇〇という数字は驚くべき多さです。いまの日本に、これほど多くの僧侶をかかえる寺院はまったく見当たりません。

もっとも、そのなかで「学侶《がくりょ》」とよばれ、わたしたちがイメージするような僧侶らしい僧侶、すなわち学問と修行に明け暮れる僧侶の数はさして多くありませんでした。全体の一割強にあたる約四〇〇人くらいしかいなかったのです。

残りの約二六〇〇人は「行人《ぎょうにん》」とよばれ、寺院の経営や雑務を担当していました。このうち、「雑僧《ざっそう》」とよばれ、もっぱら雑務を担当する者の数は二四〇〇人近くにも達し、全僧侶の八割という圧倒的な多数を占めていました。

寺院といっても、人間の創り出した組織である以上、聖なる領域だけで済むわけがなく、衣食住にまつわる俗なる領域が欠かせません。したがって、この部門を担当する者たちがいるのは、当然すぎるほど当然です。

しかし、それにしても正規の僧侶のうち、九割近くもが寺院の俗なる領域で活動していたという事実は、衝撃的といわざるをえません。これら行人のことを高野山では、俗の領域を担当し、俗世間で経済活動をおこなうというので「世間者」ともよんでいました。このように、高野山では行人の勢力がひじょうに大きかったのです。実質的に高野山をぎゅうじっていたのは、行人だったといってもよいほどです。無尽・頼母子を仕切っていたのも、もちろんこの行人たちでした。

中世の高野山は、人口の面でも、わたしたちの想像をはるかに超えていたようです。戦国末期に、石山本願寺を追われて高野山に身を寄せた、浄土真宗の指導者、顕如の日記によれば、高野山には全部で七〇〇〇もの子院があったといいます。一つの子院にいったい何人の僧侶がいたのか、あきらかではありませんが、仮に一〇人とすれば、高野山全体では七万人にも達します。少なくとも、数万はいたことに疑いようがありません。

この数字は、日本の総人口が一二〇〇～一三〇〇万といわれる当時としては、まったく破格で、立派な大都市です。しかも、僧侶が中心の、いわば宗教都市だったのです。研究者のなかには、高野山をはじめ、比叡山や根来寺、あるいは興福寺などを対象に、巨大寺院の境内が都市化していたという意味から、「境内都市」とよぶべきだと主張する例すらあります（伊藤正敏『寺社勢力の中世』ちくま新書）。

そう考えると、さきほどから述べてきた高野山における僧侶たちの経済活動も、理解しやすくなります。

為替もお寺から

現代の金融にとって欠かせないものに、為替があります。定義は、現金以外の方法によって、金銭を決済する方法です。そして、遠隔地への送金手段として、現金を直接送付する場合の危険性を避けるためによくもちいられます。

語源は、中世のころ、「交換する」という意味でつかわれていた「交わす」という言葉の連用形にあたる「かわし」にゆらいしています。この語源から推測されるように、日本における為替は、中世のころからもちいられ始めました。

文献として残っている最古の史料は、京都にいまもある臨済宗の名刹、大徳寺の襖の下張り文書のなかから発見されました。井原先生によれば、建武二年（一三三五）といいますから、鎌倉幕府が滅ぼされた直後の、いわゆる建武の中興の時代に、大徳寺が領地の荘園から年貢を送らせるにあたり、通常の銅銭ではなく、為替をもちいて送らせる旨を記した文書だそうです。

なぜ、銅銭ではなく、為替にしたのかというと、銅銭では輸送に不便だったからです。このときの年貢は二九貫文、いまの金額に換算すると三〇〇万円くらいですが、銅銭にすると約一〇〇キログラムにもなってしまいます。こう重くては運ぶのがたいへんです。一人ではとても無理です。しかも、当時は大動乱期で、やたら物騒でした。そこを大量の銅銭をかついで行っては、ここに大きな金額があると触れ歩いているようなもので、危険きわまりなく、安全に運べる保証は、どこにもありません。

そこで、為替の利用となったわけです。為替なら、目立ちませんし、たった一人でも充分に運べます。

具体的には、①現地にいる商人が現銭を確認のうえ、自分の手元に留めておきます。②京都にいる有力商人たち三人と連絡をとり、かれらに分担して「割符」を発行してもらいます。③その割符を現地の商人が入手します。④割符を、現地の商人から京都の大徳寺に送ります。⑤大徳寺では、送られてきた割符を、発行元の商人たちのもとに持参し、現銭と交換してもらった、という手順です。割符を三人の商人に分担してもらったのは、危険を分散させるための方策です。

尼さん金融

為替取引をおこなう専門業者は、このように一四世紀の初頭に登場し、「替銭屋《かえぜにや》」とよばれました。その替銭屋のなかに、女性がかなり多くいました。しかも、その女性たちのうち、少なからぬ数が尼僧、つまり尼さんだった事実があきらかになっています。

もっとも、尼さんとはいっても、真面目な仏道修行者ではありませんでした、たいがいは夫をもっていました。注目すべきは、その夫です。ほとんどが僧侶だったのです。おまけに、寺では金融の部門を担当している例が多かったのです。ありていにいえば、夫婦そろって、寺院金融の権化だったわけです。

なぜ、こんな事態が生じたのでしょうか。その背景には、僧侶たる者は妻帯してはならないという戒律がありました。

といっても、平安末期から後ともなれば、僧侶の八割方は実質的に妻帯していました。残りの二割も、大半は同性愛者でした。中世の日本仏教界では、同性愛は高尚な文化として、むしろ推奨されていたという説があるくらいです。ほんとうに生涯にわたって童貞を守る僧侶はほんのわずかで、最澄に仮託された偽書の『末法燈明記』に「市中に虎がいるようなものだ」と書かれているありさまでした。

しかし、だからといって、寺院のなかに妻や愛人を住まわせることには強い抵抗があったようです。しかたないので、寺院のすぐ近くに別宅をかまえて、そこに妻や愛人を住まわせるというのがよくある方式でした。

では、妻や愛人を尼さんにする理由は、どこにあったのでしょうか。その理由は、出家し受戒して尼さんになると、名簿に登録されて、免税特権をうけられたからでした。もちろん、僧侶は免税特権をもっていましたから、妻や愛人を尼さんにすれば、夫婦そろって免税特権を享受できたのです。

かくして、南北朝時代から室町時代の京都では、有力寺院の周囲や特定の町筋、たとえば綾小路あたりに、そのころ土倉《どそう》とよばれた金融機関をかまえ、立派な屋敷をもつ尼さんたちがたくさんいたのでした。そして、ありあまる金銭のおかげで、贅沢三昧の暮らしを送る例も少なくなかったのです。

かの有名な『病草紙《やまいのそうし》』に描かれている「ちかごろ、七条わたりにかしあげする女」は、その典型例といっていいでしょう。詞書きに「かしあげ=借上」と説明されていますから、まちがいなく金融業者です。両脇からまかない女の肩を借りないと歩けないほどの肥満体で、頬はぱんぱんにふくれあがり、首も胴に埋もれています。詞書きに「あせをながしてあえぎて、とてもかくてもくるしみつきぬものなり」と書かれているところを見ると、ふとりすぎて、心肺機能に問題があるようです。金に飽かして、よほどの美食に明け暮れてきたにちがいありません。

比叡山延暦寺と酒税

「お酒は税金を飲んでいるようなものだ」とよくいわれます。現行の酒税は、含まれているアルコール分によって異なりますが、ビールは一リットルあたり二二〇円、日本酒は同じく一四〇円、ウイスキーはアルコール分が四〇パーセントだと同じく四〇〇円にもなりますから、そういわれても仕方ありません。ちなみに、酒税の総額は近年では年間に一・五兆円にも達し、国税としては五番目に多いそうです。

事情はいつの時代も変わりません。古今東西、禁酒が金科玉条のイスラム教を信仰している地域をのぞけば、為政者はお酒に高い税金をかけて、収益を確保しようとこころみてきました。とはいっても、徴税はそう簡単ではありません。今も昔も、人々はなんとか酒税をまぬかれようと、いろいろな手練手管を講じてきたからです。

逆にいえば、酒税をちゃんと徴収できれば、為政者にとってこれほどよいことはありません。そこで、為政者もあの手この手をつかって、酒税の獲得につとめてきたのです。

では、問題です。中世の日本では、いったい誰が酒税、そのころの用語でいえば「酒屋役《さかややく》」を徴収していたのでしょうか。なお、酒屋は酒を売って得た金品をつかって、「土倉」とよばれた金融業をいとなむ例が多かったので、一括して「土倉《どそう》并《ならびに》酒屋役《さかややく》」とも称されていました。

答えは寺院や神社でした。政権中枢があった京都の場合は、比叡山延暦寺でした。もう少し正確にいうと、「山徒《さんと》」とよばれ、高野山の行人と同じように、延暦寺の雑務を担当する下級僧侶が、徴収をおこなっていたのです。

この土倉酒屋役は、室町時代前期の明徳四年（一三九三）の段階で、年間に六〇〇〇貫文、現在の金額に換算して六億円ほどに達しました。六億円という金額は、現代の日本では年末ジャンボ宝くじの一等賞金が五億円という点から考えると、たいした額とはおもえません。しかし、財政規模がいまでは信じられないくらい小さかった室町幕府にとっては、三大財源の一つにかぞえられるくらい、重要でした。

それはともかく、驚くべきは、酒税の徴収を延暦寺が担当していた事実です。仏教では「不《ふ》飲酒戒《おんじゅかい》」があって、お酒を飲むことは戒律で厳しく禁じられています。にもかかわらず、中世日本の仏教界において、その頂点に立っていた延暦寺が酒税を徴収していたとは、言語道断の事態です。

もっとも、延暦寺を開いた最澄が、遺言にあたる文書のなかで、「酒を飲むな!」と書いているところをみると、寺内の僧侶が飲酒することはなかば公然だったのかもしれません。鎌倉時代の東大寺の別当(管長)までつとめた宗性《そうしょう》(一二〇二~一二七八)が書きのこした文書を読むと、かれもまたよく酒を飲んでいたようですから、延暦寺にかぎらず、どこでも同じ状態だったのでしょう。

臨済僧の経済感覚

日本仏教における経済活動を論じるうえで、絶対に欠かせないのが臨済宗の僧侶たちです。鎌倉時代から室町時代、臨済宗はひじょうにもてはやされました。

とりわけ室町時代、京都と鎌倉には「五山」と呼ばれる官立寺院の制度があり、それぞれ有力な臨済宗の巨大寺院が君臨していました。具体的な名をあげれば、京都五山は天竜寺・相国寺・建仁寺・東福寺・万寿寺、鎌倉五山は建長寺・円覚寺・寿福寺・浄智寺・浄妙寺でした。ただし京都五山の場合は、五山のさらに上に南禅寺が位置づけられ、京都五山と鎌倉五山とでは、京都五山のほうが上位ということになっていました。

室町時代の歴代将軍が臨済宗に寄せた帰依はなみなみならぬものでした。それは、第三代将軍の義満が建立した金閣寺（鹿苑寺）も、第八代将軍の義政の山荘を寺院化した銀閣寺（慈照寺）も、ともに臨済宗という事実を見れば、すぐわかります。なかでも第四代将軍の義持（一三八六〜一四二八）にいたっては、臨済宗を「わが宗」とまでよんでいたくらいです。

この時期、臨済宗があれほどもてはやされた原因の一つは、厳しい修行を積んだ禅僧には、怨霊などを封殺できる特殊な霊力があると信じられていたせいでした。しかし臨済宗がもてはやされた原因、とりわけ室町時代の権力者にとってすこぶる魅力的だった原因は、怨霊封じだけにあったのではありません。ほかにもう一つ、強力な理由が存在しました。経済活動です。

歴代の室町将軍は、臨済宗の寺院をつうじて、多大の経済的利益を手にしていたのです。そのうちわけは主として二つありました。一つは臨済宗の寺院をつうじておこなわれていた明との交易から得られる利益であり、もう一つは臨済宗の寺院をつうじて日本各地から徴収される税でした。

室町幕府は、その成り立ちのいきさつや継承方式の不安定さから、権力としてはかなりもろい部分が多く、とくに経済面の弱さは深刻な課題でした。その弱点をかなりの程度までおぎなってくれる存在が、臨済宗の巨大寺院だったというわけです。

このころの臨済宗は、中国とのあいだを往き来する僧侶も多く、時代の先端を行くおもむきがありました。人材は優秀、当然ながら、語学もできます。計数にも明るい。となれば、経済官僚としても、もってこいです。交易や徴税に、これほど便利な組織はありません。となれば、脆弱な室町幕府が頼りにしたのも無理はなかったのです。

遣明船の場合、遣明船の正使と副使は、五山に所属する僧侶から選任されるしきたりになっていました。得られる利益も、遣明船は破格でした。たとえば、三代将軍の義満が派遣した応永一四年（一四〇七）の遣明船は、なんと銭二〇万貫をもたらしています。現在の金額に換算すると、二〇〇億円くらいの超高額です。義満はこの金銭を利用して、日本史上、最大級の寺といわれる相国寺を建立したのです。

やや詳しく説明すると、当時の五山系寺院は、東班と西班という二つの組織から構成されていました。西班はもっぱら禅の修行に励む、いわば禅宗寺院にとって本来の姿の組織です。それにたいし、東班はそういう西班を経済的に支援するための組織です。制度上からすれば、東班のほうが下位というイメージがありますが、いくら偉い禅僧でも、腹が減っては修行もままならぬので、どうしても東班の力が強くなる傾向がありました。

近年の研究によれば、五山系寺院の経済力は、中世最大の権威を誇った比叡山延暦寺を凌ぐほどだったようです。そのため、既得権をなんとしても守りたい延暦寺とのあいだで、経済的な権益をめぐり、たびたび騒動が起こっています。

位牌と金融

無尽について述べた項で、祠堂銭にふれました。故人の冥福を祈るために、御霊屋とか持仏堂ともよばれた祠堂の管理や修繕、あるいは供養のための費用として、寺院に寄進する金銭のことです。この祠堂銭を元手として、広い意味の金融がおこなわれていたことも、すでに述べました。この祠堂銭が、鎌倉時代以降になると、臨済宗の東班衆たちによって、あらたな展開を遂げることになります。

ちょっと意外かもしれませんが、禅宗は、臨済宗も曹洞宗もそろって、死者供養に熱心です。ここで詳しくふれるいとまはありませんが、日本では、いわゆる葬式仏教のおもな推進役は臨済宗でした。

位牌も臨済宗が推進役を果たしました。位牌の起源は、中国の儒教です。古代の中国人は、人が死ぬと、その霊魂は「魂《こん》」と「魄《はく》」に分かれると考えていました。このうち、「魂」は目には見えない霊魂で、天上に昇ってしまいます。そこで、「木主《もくしゅ》」とよばれるシンボルをつくって、祀りました。いっぽう、「魄」は遺骨です。こちらは形があるので、お墓をつくって祀りました。

この「木主」こそ、位牌の起源です。ようするに、仏教が中国化した結果、儒教と融合して、「木主」が位牌になったのです。この位牌が中国に留学した臨済宗の僧侶たちの手で、日本に導入されました。当時としては、最新のトレンドでした。そして、その位牌を安置する場所として建てられたのが、この時期の祠堂だったのです。

祠堂では、入牌料もしくは供養料として、寄進がおこなわれました。あつめられた寄進は、やがて経済感覚に富んだ臨済宗の僧侶たちによって、利子付きの貸付金として、いまでいうなら金融派生商品のように売買されるようになっていきます。ただし、当初は、寺内の貧窮者の救済や融通が目的だったとみなされています（井原今朝男『史実 中世仏教』第2巻）。

しかし、しだいしだいに当初の目的からはずれ、あげくの果てに、もっぱら利殖のすべと化していきました。はじめは寺内に限定されていた貸し出しも、さらなる配当を求めて、寺外にまでおよんでいきました。ついには、祠堂銭だけでなく、ほかの方面から得た金銭まで、祠堂銭の名のもとに運用することまで起こっています。

それがあまりに甚だしく、暴利をむさぼるなど、目にあまる事態に発展したため、室町幕府はたびたび禁止令を出しているほどです。祠堂銭の貸し出しを寺内に限定するように、指導もしています。

ところが、それはほとんど守られませんでした。いつの時代も、もうけ話になると、人は法令など、糞喰らえ！というわけです。

そこで、室町幕府は一計を案じました。年率二〇パーセントという低利で運用され、かつ「祠堂銭」と明記された場合は、貸借関係をちゃらにしてしまう徳政令の対象外にしたのです。逆にいえば、年率にして二〇パーセントを超えて運用されたり、「祠堂銭」と明記されていない場合は、徳政令の対象になって、債権は保証されないということになります。

ここまでの措置を講じた理由は、五山をはじめ、官立寺院を保護するためでした。これらの寺院の多くは祠堂銭を運用していましたから、祠堂銭すべてが徳政令の対象になったあかつきには、大損害をこうむってしまいます。それはこれらの寺院の経済力に依存するところ、はなはだ大の室町幕府にとっても、ひどくつごうの悪いことだったのです。

この措置は、寺内の貧窮者の救済や融通という当初の目的とも合致していましたから、それなりの合理性があったと評価できます。それにしても、位牌と金融が親密な関係にあったという事実は、なんとも考えさせられます。

第3章

日本仏教の基本の基本

仏も神さまだと思っていた日本人

仏教公伝、つまり日本に仏教が、そのころ朝鮮半島の南西部にあった百済の聖明王《せいめいおう》から、仏像や経典、および仏教信仰の功徳をたたえる上表文というかたちで、公式に初めて伝えられたのは、宣化《せんか》天皇三年（五三八）もしくは欽明《きんめい》天皇一三年（五五二）とされています。この両説にはおのおのそれなりの根拠があり、いまだ決着がついていません。しかし、どちらの説を採用しても、そう大幅に違うわけではありませんから、五世紀のなかごろに、仏教が公式に伝来したと考えておけば、それでよいでしょう。

公伝というかぎり、私伝というかたちもあったはずで、中国やチベットの事例を参考にすると、おそらく公伝よりもかなり前だったとおもわれます。日本では、いわゆる渡来人・帰化人か、外来文化の摂取に熱心だった蘇我氏あたりが、公伝に先んじて、私的に仏教を受容していた可能性が充分にあります。

むしろ問題は、当時の日本人が、仏教をどう受けいれたのか、です。実も蓋もないことをいえば、そのころの日本人は、神と仏の区別さえ、ろくについていませんでした。いいかえれば、目に見えるかたちで御利益があれば、神でも仏でもよかったのです。

その証拠に、仏教公伝を語る『日本書紀』の欽明天皇一三年の条には、仏のことを「蕃神《ばんしん》」と記しています。「蕃神」は「あたしくにのかみ」と訓み、「外来の神」を意味していました。早い話が、欽明天皇をはじめ、当時の有力者たちは、仏とは外国から新たにやってきた神さまと認識していたのです。

ただし、この仏＝外来の神には、在来の神々とは大きく異なるところがありました。在来の神々は、原則として、固有の姿形をもっていませんでした。みずからの意志を伝える際には、特別な霊能をもつ者に気配を感じさせたり、あるいは憑依、すなわち、のりうつったりしていたのです。ところが、仏は、仏像というかたちで、誰の目にもありありと見ることができたのです。

この違いは決定的でした。いまでこそ、「見えぬものこそ」とかいって、目に見えない精神的な存在こそ大切とおもわれていますが、こういう考え方はじつはすこぶる近代的なのです。意外かもしれませんが、時代をさかのぼればさかのぼるほど、人々は目にはっきり見えるものを信じ、尊びました。その点は、いたってドライだったのです。

また、仏教公伝のころの日本人は、仏教の教義などにまったく関心をもっていませんでした。さすがに聖徳太子くらいになると、そうとはいい切れませんが、ほとんどの人々は、御利益があるかないか、という点にしか関心がなかったのです。

具体的にいえば、病気治しとか、願望成就です。魔的な存在から心身を守ることも重要な課題でした。この発想が国家大になれば、仏教の力によって国を守る、つまり鎮護国家という思想が登場してきます。仏教公伝のころ、疫病が流行するたびに、仏教を受けいれたので在来の神々が怒ったせいだとか、いや在来の神々ばかりあがめて、仏のあがめかたが足りなかったので、こういう事態になったのだとか、すったもんだ大騒ぎしているのは、背景にいま述べたような事情があったからなのです。

中国仏教の霊魂観

本書ではふれませんでしたが、インド仏教では霊魂をめぐってとても厄介な論議が展開されました。しかし日本の場合、その点はほとんど問題になりませんでした。理由は二つあります。

一つは、中国仏教の影響です。仏教を受容するにあたり、中国人は霊魂の実在を前提としていました。そういう中国仏教を、日本は朝鮮半島経由で受けいれたのですから、当然ながら、その仏教もまた、霊魂の実在が前提になっていたというわけです。

もう一つは、仏教が伝来するはるか以前から、日本人は霊魂の存在を確信していたからです。

まず最初に、中国仏教の霊魂観を見ておきましょう。古代の中国人にとって、死後に、霊魂が実在することは中国人にとっては自明であり、それを疑うことなど、論外でした。そもそも、仏教が初めて伝えられたころ、つまり一～二世紀ころの中国人には、仏教のみならず、インド型宗教が絶対の前提としている輪廻転生《りんねてんしょう》という考え方がまったく理解できなかったようです。

中国の仏教界では、死後における霊魂の実在に関する論議は「神滅神不滅」というかたちで展開されました。この場合、「神」とは英語のゴッド（god）ではなく、霊魂を意味しています。もともと漢字の「神」は不可知な自然の力を意味していました。やがて時代が下がると、目には見えない心の働きをも意味するようになります。精神とか神経という用法の「神」も、それにやや近いといってよいでしょう。

中国仏教では、仏教がインドから盛んに流入した南北朝時代に、サンスクリットのアートマン（我）を漢語に翻訳する際、この「神」をその訳語にあてました。ようするに、アートマンを霊魂とみなし、「神」と翻訳したのです。アートマンを霊魂とみなす対応からして、問題といえば問題ですが、いまさら文句をいってもはじまりません。

もし仮に、「神」を霊魂という意味で使うのであれば、中国の伝統思想はおおむね霊魂実在論です。もっとも、例外がないわけではありません。後漢の時代に、古代にしては異例の合理的な思考方法を開拓し、儒教を厳しく批判したことで有名な王充《おうじゅう》（二七～一〇〇ころ?）は、その著書『論衡《ろんこう》』の「論死篇」に「死すれば、精気滅す」と述べて、神滅論を主張しています。

しかし、主流はあくまで神不滅論であり、仏教もその影響をまぬがれませんでした。具体的な例をあげれば、西晋の竺法護《じくほうご》（二三九〜三一六）が編訳した『普曜経《ふようきょう》』には、「吾死者を見るに形壊し、体化すも、而も神は滅せず」と説かれています。

『論語』も『荘子』も『易』も使って霊魂を擁護

廬山《ろざん》の慧遠《えおん》（三三四〜四一六）といえば、中国仏教において初めて確固たる教団組織を発足させ、その後の仏教界に巨大な足跡をのこした偉人ですが、その慧遠は著書の『沙門不敬王者論』の第五篇に、「形尽神不滅」という一章をあらわして、肉体は尽きても霊魂は不滅である、と主張しています。

注目すべき事実があります。慧遠が「神不滅」を主張するにあたり、論拠としたのは、インドから伝来した仏教理論書ではなく、中国伝統思想の典型ともいうべき『易』や『荘子』だったのです。たとえば、『易』「説卦伝」の「神なるものは、万物に妙にして言を為すものなり」をもって、「神不滅」の論拠としているのです。

これで驚いてはいけません。慧遠の弟子の宗炳《そうへい》（三七五〜四四三）にいたっては、なんと儒教の聖典たる『論語』を論拠に、「天地に霊有り、精神の滅せざるはあきらかなり」と主張しています。

むろん、中国仏教でも「神滅」を主張する人物がいることはいました。同じ慧遠の弟子でも、何承天《かしょうてん》（三七〇〜四四七）は、数学者であり天文学者でもあったという経歴ゆえか、考え方が合理的というか唯物的というか、とにかくドライなところがあって、死後における霊魂の実在を認めませんでした。その著書『達性論』には、「生に必ず死有り。形弊して神散ずるは猶ほ春に栄え、秋に落つる四時の代換のごとし。奚《なん》ぞ更に形を受くること有らんや」と書かれています。

このように、当時の中国に、死後における霊魂の実在を否定する見解がなかったわけではありませんが、しょせん少数にとどまったようです。とりわけ仏教界では、徹底的に排除される運命にありました。現に、過剰なほどの仏教崇拝で知られる梁の武帝（在位五〇二〜五四九）は、僧侶や知識人を総動員して、神滅論を徹底的に批判させています。その結果、中国の仏教界では、神不滅論が確立し、死後における霊魂の実在をうんぬんする論争そのものがなくなってしまいました。

ここでは紙幅のつごうからふれられませんが、朝鮮半島の仏教もまた、霊魂の実在を前提にしていました。なにしろ輸入元の中国仏教が、いまお話ししたとおり、霊魂実在論だったうえに、朝鮮半島に居住していた人々も、霊魂の実在をまったく疑っていなかったからです。

ですから、日本に仏教がもたらされたとき、その仏教は初めから、霊魂実在論に立脚していたのです。

縄文時代から霊魂実在論

日本仏教の霊魂観を考えるとき、さらに重要なのは、さきほど指摘したように、仏教が伝来するはるか以前から、日本人は霊魂の存在を確信していたという事実です。

その最古とおもわれる証拠は、長野県富士見町の唐渡宮《とうどのみや》遺跡から出土した、埋甕《うめがめ》（高さ六四・五センチ　井戸尻考古館所蔵）とよばれる特殊な容器です。時期は縄文時代の中期といいますから、いまから五〇〇〇〜四〇〇〇年も前です。

この容器には、出産後まもなく死んでしまった子供の遺体がおさめられていた可能性が指摘されています。表面には黒い顔料で、母親とおぼしき女性の子宮に、地面から、とぎれとぎれの線で表現された子供の霊魂が、もどっていくところと推測される絵が描かれているのです。

この絵はいろいろなことを物語っています。まず、人は死んでも霊魂は残る、と考えられていたらしいことです。ただし、霊魂は、「とぎれとぎれの線」が暗示するように、眼にはっきりとは見えないものだと認識されていたようです。また、この構図は、死は終わりではなく、再生のチャンスがあることをほのめかしています。さらに、死者の霊魂はどこか遠くに行ってしまうのではなく、近親者のごく近くにとどまることも暗示しています。

もっとも、この場合はごく幼い子供の例なので、やや特殊かもしれません。年齢を重ねた人が死んだ場合は、かなりようすが違った可能性があります。

なぜなら、縄文時代の死者の埋葬法は、伸展葬か屈葬のかたちをとり、ときに死体の胸に重い石を抱かせ、頭のうえに甕《かめ》をかぶせるなどして、どれも遺体が動けないようにしているからです。その理由は、死者の霊魂が遺体から抜け出して、生者に危害を加える、つまり祟ることをとても恐れていたためと推測されています。

再生を期待する心と、祟りを恐れる心。縄文時代の人々は、死者の霊魂にたいして、互いに矛盾する二つの思いをいだいていたのです。そして、この思いは、その後もずっと、日本人の心の奥底にありつづけてきました。

日本仏教の霊魂観

日本仏教の霊魂観は、いま見てきたとおり、中国仏教の影響と日本在来の霊魂観が融合するかたちでできあがっています。では、日本仏教の自然観は、どうなのでしょうか。

結論からいってしまうと、日本仏教の自然観は独特です。インド仏教とは大幅に違いますし、中国仏教とも同じとはいえません。

誤解を恐れずにいえば、アニミズムの上に仏教が乗ったかたちこそ、日本仏教の自然観なのです。アニミズムとは、森羅万象に霊魂もしくは生命が宿っているという考え方です。身近な例をあげれば、宮崎駿監督のアニメ作品は、このアニミズムの権化です。『風の谷のナウシカ』『となりのトトロ』『もののけ姫』『千と千尋の神隠し』などなど、みんなアニミズムの世界が如実に表現されています。

インド仏教にアニミズムの要素が全然ないとはいいませんが、たとえあったとしても、ごくわずかです。なぜなら、インド仏教の救済対象は動物に限定されていて、植物は対象外だからです。まして、山や川や石っころみたいな無生命体などは、まったく論外です。

この点は、インド仏教をかなり忠実に継承したチベット仏教も変わりません。わたしのチベット仏教の先生は、大谷大学名誉教授のツルティム・ケサン先生ですが、いつか「日本仏教では、植物も山や川や石っころみたいな無生命体も救済対象で、悟れるとみなしています」と申し上げたところ、言下に「そういうことはありえない!」と一喝された体験があります。

そういうインド仏教やチベット仏教に比べれば、中国仏教にはアニミズムの要素がもう少しだけあります。しかし、日本仏教に比べれば、ずっと希薄といわざるをえません。

たとえば、弘法大師空海は『声字実相義《しょうじじっそうぎ》』という書物に、こう述べています。

五大皆有響(五大《ごだい》に皆響きあり)　十界具言語(十界《じっかい》に言語《ごんご》を具《ぐ》す)
六塵悉文字(六塵《ろくじん》悉《ことごと》く文字《もんじ》なり)　法身是実相(法身《ほっしん》は是《こ》れ実相《じっそう》なり)

地・水・火・風・空の五大から構成される森羅万象には、みな真理を語る響きがあります。地獄・餓鬼・畜生・阿修羅・人・天・声聞《しょうもん》・縁覚《えんがく》・菩薩・仏の十界すべてに、真理を語る言語があります。

色・声・香・味・触・法という、私たちの感覚器官が捉える認識対象は、ことごとく真理を語る文字なのです。

究極のホトケである大日如来とは、この世界の、あるがままのすがたにほかならないのです。

曹洞宗の開祖、道元禅師は、有名な『正法眼蔵』の「身心学道」で、「墻壁瓦礫《しょうへきがりゃく》これ心なり」と述べています。表層的な意味は「仏とは瓦や石ころである」ですが、じつは「瓦や石ころも成仏する」という深い思想の表明です。

あるいは「峰の色　谷のひびきも　皆ながら　我が釈迦牟尼の声と姿と」いう道歌や、有名な「本来の面目」と題する道歌、すなわち「春は花　夏ほととぎす　秋は月　冬雪さえて　すずしかりけり」も、同じことです。

日本仏教では、よく「草木国土悉皆成仏《そうもくこくどしっかいじょうぶつ》」とか「山川草木悉皆成仏《さんせんそうもくしっかいじょうぶつ》」といいます。草や木はもちろん、石や山のような無生命体まで成仏できるという意味です。また、「有情非情同時成道」という表現もあります。こちらのほうがやや抽象的ですが、意味は同じです。

芸術の領域まで

こういう考え方は、なにも仏教に限りません。現代の芸術や芸能術の領域にまで、大きな影響をあたえています。人気歌手のユーミンこと松任谷由実の「やさしさに包まれたなら」という歌に、こういうフレーズもあるのをご存じでしょうか。

小さな頃は神さまがいて　不思議に夢をかなえてくれた
やさしい気持で目覚めた朝は　おとなになっても　奇蹟はおこるよ
カーテンを開いて　静かな木洩れ陽の　やさしさに包まれたなら
きっと　目にうつる全てのことは　メッセージ

このフレーズは、わたしにいわせれば、さきほど引用したばかりの『声字実相義』の現代版といってもいいくらいです。

同じく、道元の「墻壁瓦礫これ心なり」と同じ精神は、小さいときから石が大好きで、石集めに熱中し、「石っこ賢さん」とよばれた宮澤賢治に通底しています。『楢ノ木大学士の野宿』という作品では鉱物が会話していますし、『気のいい火山弾』でも石と石がおしゃべりしています。石にも霊魂や生命が宿っている、と賢治が考えていた証拠です。

きわめつきは、『千と千尋の神隠し』の主題歌「いつでも何度でも」（作詞 覚和歌子／作曲・編曲 木村弓）です。とりわけ、つぎのフレーズは圧巻です。

さよならのときの　静かな胸
ゼロになるからだが　耳をすませる
生きている不思議　死んでいく不思議
花も風も街も　みんなおなじ

ここにうたわれている「生きている不思議　死んでいく不思議　花も風も街も　みんなおなじ」という歌詞は、アニミズムと空海や道元の深い仏教思想がむすびつかなければ、絶対に出てこないとわたしはおもいます。

逸脱か発展か

ここで、ぜひとも考えておかなければならない課題があります。こういう日本仏教は、仏教として、逸脱しているのか、それとも発展しているのか、という課題です。

このことを考える前に、知っておきたい事実があります。仏教の現状をみると、いま活動している仏教は、大きく二つに分けられます。一つは、スリランカやミャンマーなどのテーラワーダ仏教（上座仏教）です。もう一つは、チベットや日本の大乗仏教です。

さらに、この二つの仏教を、その歴史や教義の面からみると、いちばん保守的なタイプといちばん革新的なタイプであることがわかります。すなわち、仏教は結果的に、両極に位置するタイプだけが生き残り、その中間に位置していたタイプはことごとく滅び去ったのです。この事実はいったいなにを意味するのか。これもまた、考察にあたいする課題です。

そもそも、仏教として、逸脱しているのか、それとも発展しているのか、を考えるとき、その「仏教」とはなにを指しているのでしょうか。

もし、その「仏教」がブッダ在世時の教えを指しているとすれば、すでに述べてきたとおり、それはあきらかになっているとはとてもいえません。少なくとも学術の領域からは、史料・資料不足ゆえに、あきらかにされる可能性は、今後も絶無に近いといわれています。また、いわゆる原始仏教とか初期仏教とよばれる仏教ですら、後継者たちによる組織化や編纂作業がおこなわれていた事実が判明しています。インド大乗の実態についても、これまで述べてきたとおりで、西方宗教の影響すら考慮せざるをえない状況が生まれています。

わたしの見解を述べさせていただけば、仏教とは、いまから二五〇〇〜二四〇〇年くらい前のインドで、俗名をガウタマ・シッダールタとよばれた人物、すなわちブッダが初めて立ち上げ、その後も絶えることなく、ブッダを開祖とあがめてやまない有名無名の仏教者たちによって蓄積されつづけてきた、心身両面にわたる糧の総体にほかなりません。

もちろん、蓄積されてきたすべてが仏教の名にあたいするとは、わたしもおもっていません。しかし、「仏教とはこういうものだ」というぐあいに、基軸を設定し、そこからの距離で、これは逸脱だ、これは発展だ、これは正常な進化だと決めつけることは、どう考えても不可能です。

たしかに、なかには、どこをどう考えても、仏教の名にあたいしない事例もないではありません。でも、そういう場合でも、「これは仏教ではない！」と決めつけてはならないとおもいます。

なぜ、わざわざこういうことを申し上げているのかというと、欧米の有力研究者のなかには、日本仏教を代表する開祖や宗派を名指しして、インド仏教にはそういう要素はなかったことを論拠に、「これは果たして仏教だろうか?」と疑問を呈する例が、現実にあるからです。

ダライ・ラマと日本仏教

しかし、インド仏教になかったから、それは仏教ではないという判断基準は、仏教の可能性をおとしめる結果になりかねません。とくに、二一世紀の世界を考えるとき、インド仏教にあったか、なかったかという点に過剰にこだわりつづけると、仏教を、現実の難問になんら答えられない、過去の遺物にしてしまう危険性が多分にあります。その危険性に、心ある方々は気づきはじめています。

たとえば、こういう例があります。チベット仏教の最高指導者、ダライ・ラマ一四世猊下がここ何年か前から、さきほどふれた「草木国土悉皆成仏」に近いことを語りはじめました。これは、チベット仏教からすれば、驚くべき発言です。なぜなら、インド大乗仏教の正統な後継者を、自他ともにみとめるチベット仏教には、インド大乗仏教とおなじように、自然にたいする関心がほとんどなかったはずだからです。

しかし、こんにちの世界状況を冷静に観察するとき、インド仏教やチベット仏教において、救済の対象外とされ、無視されてきた自然・環境・植物などを、今後も無視したままでよいのでしょうか。はなはだ疑問です。

ダライ・ラマ一四世猊下は聡明きわまりない方ですから、さすがにそれはよくないと気づかれたようです。わたしが聞いているところでは、高野山真言宗管長という要職にある真言密教の泰斗、松長有慶先生から空海の思想を教えられ、充分に納得したうえで、伝統的な見解をひるがえしたという話です。

この件に関連して、少し申し上げておきたいことがあります。それは、ダライ・ラマ猊下の決断の背景に、チベット仏教そのものの変容もなにがしかかかわっているのではないか、ということです。

一九五〇年の一〇月に始まった中国共産党軍のチベット進撃は、いわゆるチベット動乱を引き起こしました。その後の紆余曲折をへて、一九五九年の三月、ダライ・ラマ一四世猊下はインドへの亡命を余儀なくされました。このいきさつは、チベット人にとってもチベット仏教にとっても、最悪の事態でした。

その反面、プラスの要素もなかったわけではありません。それまで秘境の宗教とされ、ほとんど知られていなかったチベット仏教が、世界中にひろまっていくきっかけにもなりました。わけても、ダライ・ラマ一四世猊下はその桁外れの行動力をいかんなく発揮し、世界中を飛びまわりました。

そして、チベット仏教は、史上初めて、近代・現代社会と向き合う機会を得たのです。このことの意味は、けっして小さくありません。一九五九年以前のチベット社会は、無理を承知のうえで、日本の歴史にたとえるなら、おそらく中世にあたるでしょう。社会組織も産業構造も、近代・現代とはほど遠く、江戸時代のような近世社会までも到達していません。まして、日本が幕末・明治維新このかた、その荒波をかぶってきた近代化とはまったく縁がなかったのです。

しかし、余人は知らず、ダライ・ラマ一四世猊下は、自分たちが守りつづけてきたチベット仏教もまた、近代化と向き合わざるをえない時代にあることを、身に染みて感じたはずです。それは、多少なりとも、チベット仏教に変容を迫るものでした。

チベット人は、わたしの経験からしても、じつはかなり融通無碍なところがあります。すこぶる信仰熱心なくせに、あざといほど利にさとく、まことにしたたかです。状況次第で、さっさと変身もします。いたって保守的とおもわれている仏教界もその点はあまり変わらず、けっこう前から欧米人を「リンポチェ」、すなわち、お寺の管長クラスの高僧に就任させているくらいで、この点は日本仏教よりもさばけています。

ですから、ダライ・ラマ一四世猊下が自然観を変容したことも、その一環だと考えればよいのです。なにより重要なことは、日本仏教のなかには、インド仏教の忠実な後継者を自他ともにみとめるチベット仏教の最高指導者をして、学ぶにあたいすると認識させる要素があるという事実です。

近代化と仏教

いま、チベット仏教が、その長い歴史からすれば、つい最近まで近代化とは無縁だったと述べました。この点は、なにもチベット仏教にかぎりません。スリランカやミャンマーやタイのテーラワーダ仏教も、つい最近まで近代化と無縁でした。中国や朝鮮半島の大乗仏教も同じです。逆にいえば、近代化とまっこうから向き合ってきたのは、日本仏教だけです。この事実がもつ意味はきわめて重大です。

近代化の定義はいろいろありますが、「世俗化」という要素はそのなかでも見逃せません。そして、世俗化を近代化にともなう歴史の必然と考えるのであれば、宗教にとってもっとも肝要なことは、世俗化にむやみやたらと抗するのではなく、世俗化といかにうまく折り合っていくか、です。

この点で、世界史上、いちばん成功した事例はキリスト教のなかのプロテスタンティズムでしょう。とりわけ、スイスのジュネーブを拠点に、ジャン・カルヴァン（一五〇九～一五六四）が提唱したカルヴァン主義は、マックス・ヴェーバーが『プロテスタンティズムの倫理と資本主義の精神』（一九〇四～一九〇五）に指摘しているとおり、その格好の事例です。

マックス・ヴェーバーはまず、資本主義を合理的な思考にもとづく経済活動とみなしています。そのうえで、そういう資本主義の精神がプロテスタンティズムの世俗内禁欲という精神と軌を一にしていたからこそ、プロテスタンティズムから資本主義が生まれたと主張します。この主張がほんとうに妥当かどうかは、現時点では疑義がないわけではありません。しかし、カルヴァン主義に代表されるプロテスタンティズムと実質的に近代化そのものともいうべき資本主義のあいだに、つよい関連性があることはみとめざるをえません。

ご存じのとおり、近年にいたるまで、欧米以外で、まがりなりにも近代化を遂げた国は、日本しかありませんでした。それは、G7（先進七カ国）に、日本をのぞけば、アジアやアフリカなどの国々が全然ふくまれていない事実を見れば、一目瞭然です。

もちろん、近代化がすべてなどというつもりは毛頭ありません。近代化には、さまざまな領域で、マイナスの面がついてまわるからです。しかし、同時に、近代化から逃れることもできません。少なくとも現時点において、近代化なしに、その国の人々や民族が幸福に暮らしうるとおもうなら、それはたんなるファンタジーにすぎません。

事情は宗教にとっても変わりません。近代化は絶対に避けられない関門なのです。関門を迂回する道はありません。

さらにいえば、宗教は、欧米起源の近代化がもたらす弊害をただす役割をも、になわなければなりません。この役割はとても大切です。しかし、そのためには、傍観者であっては無理です。みずから向き合う必要があるのです。

世俗化と日本仏教

日本がいつから近代化を遂げたのか、をめぐっては諸説あります。近代化の前提となる諸条件のうち、いくつかがおそくとも江戸時代の後半期から整いはじめていたことも、疑いようがありません。当時としては世界に類例がないくらい、圧倒的に高かった識字率はもとより、金融の領域や工業技術、あるいは産業構造において、江戸時代の後半期がやがておとずれる明治維新以降の近代化を準備したことは、まぎれもない事実です。

しかし、本格的な近代化が、明治維新以降の、いわゆる文明開化の所産であることもまた、疑いようがありません。そして、明治維新から始まった日本の近代化が、仏教界に甚大な影響をおよぼしたこともまた、疑いようがありません。

江戸時代をつうじて、仏教は手厚く保護されていました。その理由は、徳川幕府のキリシタン対策をはじめ、もろもろありました。例をあげれば、支配階層だった武士の場合、戦国末期にご先祖さまたちが文字どおり命がけで立てた手柄のおかげで、二五〇年以上も恵まれた境涯を得たというので、先祖供養をさかんにおこないました。一説には、年間収入の一〇パーセントを、先祖供養のためにお寺にお布施していたというほどです。

また、いまでいう戸籍原簿や租税台帳の役割をもつ宗門人別改帳などを介して、地域の管理をお寺がになっていたことも、優遇された理由の一つでした。なにしろ、江戸時代の人々は、原則として、その地域にあるお寺の檀信徒であることを強要されていたのですから、お寺のがわからすれば、これくらい美味しい話はありません。とにかく、江戸時代、権力に逆らって徹底的に弾圧された日蓮宗の不受不施派など、ごく一部をのぞけば、仏教界にとって、とてもよい時代だったのです。

ところが、明治維新をむかえて、事態は悪い方へ一変してしまいました。明治政府の神道優遇政策による神仏分離や廃仏毀釈によって大打撃をこうむったうえに、近代化という、かつてなかった過酷な世俗化が、仏教界に深刻な影響をあたえたのです。

近代化の勝ち組と負け組

そうはいいながら、受けた打撃に宗派によって大きく差があったことも、たしかな事実です。ありていにいえば、仏教界に勝ち組と負け組が生まれたのです。

負け組の筆頭は、修験道です。明治五年に公布された修験道廃止令は、日本史上、稀に見る苛烈な宗教弾圧でした。このとき、追放された修験者・山伏の数は、なんと一七万人にものぼったのです。当時の総人口は、現在の四分の一ほどですから、現在の人口に換算すると、七〇万近い数の修験者・山伏が追放されたことになります。ちなみに、現在の僧侶数は二二万くらいなので、その三倍ほどにもあたる数です。

逆にいえば、それくらい修験道の力は大きかったことになります。だからこそ、徹底的な弾圧をこうむったのです。

では、なぜ、修験道はそこまで徹底的に弾圧されたのでしょうか。その答えは、修験道が、さまざまな意味で、もっとも日本化したタイプの仏教だったからにほかなりません。たとえば、修験道は、在来の神々と外来の仏菩薩を、まったく対等にあがめました。

こういうと、日本仏教では神仏習合が原則だったのだから、当たり前だとおもう方も少なくないでしょう。ところが、神仏習合では、在来の神々と外来の仏菩薩は、対等にあつかわれませんでした。前にも述べたように、仏菩薩が上で、神々が下です。なぜなら、神々もまた、仏菩薩によって救済される対象とみなされていたからです。したがって、僧侶と神職では僧侶のほうが地位は上でしたし、多くの神社は僧侶が管轄していました。例をとれば、世界遺産にも指定されている安芸の宮島の厳島神社の場合、管轄権はすぐ隣にいまもある大聖院という真言宗のお寺にあったのです。

少し説明を補足すると、かつては神社につかえる神職の多くも、個人的な信仰は仏教でした。それは、日本で最高の権威を誇った伊勢神宮でも変わりません。わかりやすくいうと、日々、神社に奉仕するのは、いわば「お仕事」であり、わたしたちがいだく信仰とは別でした。神職も個人的な信仰は、現世の領域ではたいがい密教による現世利益、来世の領域では阿弥陀如来をあがめて極楽浄土への往生をねがう浄土信仰だったのです。本当かな?と疑念をいだかれた方は、伊勢神宮の近くにある斎宮博物館(三重県多気郡明和町竹川五〇三)をおたずねください。いま、わたしが申し上げた内容を如実に語る資料がたくさん陳列されています。

さらに、申し添えると、明治維新まで、伊勢神宮はいまみたいに、きれいに整備されていませんでした。内宮と外宮をむすぶ道の両側には、現在の警察用語でいう飲食店がたちならび、歓楽街を形成していました。参拝者は神宮の参拝を終えると、そこでどんちゃん騒ぎをしていたのです。知人の研究者によれば、江戸時代にお伊勢参りが大流行していたころ、冬になって海水温が下がると、海に潜れなくなった伊勢志摩の海女さんたちがアルバイトをしていたそうで、これがまた大好評だったといいます。

ようするに、あつい信仰心と物見遊山の気分が仲良く同居して、なんとも神聖かつ猥雑な世界をかもしだしていたのです。ところが、こういう要素は、明治維新から後になると、けしからん、まかりならぬ!ということになってしまいました。

負け組は

そのほか、負け組としては、真言宗や天台宗のような、密教系の宗派があげられます。これまた理由はいろいろありますが、神仏習合に熱心だった真言宗や天台宗の場合、神仏分離が大きな打撃となったことは事実です。

密教、つまりアマチュアには手がとどかない秘密の教えというくらいですから、その内容はひじょうに複雑です。この点が不利にはたらいたことも、否めません。なぜなら、近代化は、「真理はシンプルなはずだ！」という文言を金科玉条としてきた面があるからです。このあたりは、西欧諸国で資本主義が勃興するにあたり、カトリックを奉じる国々がプロテスタンティズムを奉じる国々におくれをとったことと、一脈つうじるかもしれません。

奈良の仏教界、すなわち南都仏教も、明治維新をきっかけにひどく疲弊しました。現に、東大寺のホームページにこう書かれています。「明治維新の廃仏毀釈の嵐は、京都、奈良の諸大寺にも深刻な打撃を与え、廃藩置県による寺社領没収は東大寺の存立そのものに大きな危機をもたらしました」。

南都で最大の勢力を誇っていた興福寺も壊滅的な被害をうけました。同じく、ホームページに、こう書かれています。「幕末から明治維新時にかけての興福寺は神仏分離によって動揺した。……………明治三年（一八七〇）の太政官布告によって境内地以外すべて上知ということになった。興福寺は所領を失い、最終的には堂塔の敷地のみが残されるという惨状となり、加えて宗名・寺号も名のれず、まさに廃寺同様の様相を呈した。神仏分離の施策は廃仏毀釈につながり、寺の破壊や撤去が押し進められた。興福寺では築地塀・堂宇・庫蔵等の解体撤去、諸坊の退転が相次いだが、この頃、五重塔が二五〇円で買手がつき、三重塔は三〇円であったという。しかし、幸いにも両塔無事で今に遺された」。明治初期の一円は現在の二万円ほどにあたるそうですから、現存日本最大の五重塔は、たったの五〇〇万円で売買されようとしていたのです。

ご存じの方もあるとおもいますが、いわゆる南都六宗（法相《ほっそう》宗・倶舎《くしゃ》宗・三論《さんろん》宗・成実《じょうじつ》宗・華厳宗・律宗）に天台宗と真言宗をあわせて「八宗」とも称します。教科書的な表現をするなら、「旧仏教」です。この「八宗・旧仏教」組は、すべて明治維新の負け組になってしまいました。

反対に、いわゆる鎌倉新仏教は、八宗・旧仏教ほど打撃をうけませんでした。ところが、鎌倉新仏教のうち、一つだけ負け組になってしまった宗派がありました。法然を開祖とあおぐ浄土宗です。このことは数字を見ると、よくわかります。

江戸時代の中期といえば、日本の総人口は二五〇〇万人ほどで、現在の五分の一くらいしかいませんでした。にもかかわらず、寺院数は四〇万もありました。現在が八万弱ですから、驚異的な数です。むろん、このなかには道場程度のごく小規模なものも含まれているので、その点は考慮しなければなりませんが、それにしても凄い数といわざるをえません。江戸時代には、それくらい仏教が社会に隅々まで浸透していたのです。

問題は四〇万の内わけです。浄土真宗系が約一〇万、浄土宗系も約一〇万で、ほぼ同じでした。しかし、現在は、約二万と約八千というぐあいに、大きな差がついています。ここまで差がついてしまった理由は、江戸時代、浄土宗が徳川家の宗旨だったことにあります。その反動から、明治維新以降はいたく冷遇の憂き目を見たというわけです。

勝ち組は浄土真宗と日蓮宗系教団

いっぽう、勝ち組の筆頭は?というと、よくあげられるのが浄土真宗です。それは現行の寺院数を見れば、納得できます。第二位の曹洞宗の寺院数が約一万五千ですから、五千も多いのです。

また、日本の場合、浄土真宗こそ、マックス・ヴェーバーの『プロテスタンティズムの倫理と資本主義の精神』におけるカルヴァン主義にあたるという指摘もあります(後藤文利『真宗と資本主義』所書店)。たしかに、マックス・ヴェーバーは、著書の『宗教社会学論集』のなかで、浄土真宗以外の宗派はみな非合理的で、近代的な市民層の発展をはばんできたと述べています。逆にいえば、浄土真宗だけが近代的な市民層の発展に貢献したという話になります。わたしにいわせれば、けっこう怪しい説ですが、こういう指摘があることは事実です。

もう一つ、浄土真宗とならんで勝ち組といっていいのが、日蓮宗です。こういうと、そんなはずはない、という声が聞こえてくるかもしれません。なぜなら、現時点で日蓮宗の寺院数は四六〇〇しかなく、伝統仏教界のなかでけっして多いとはいえないからです。浄土真宗の総計二万はさておくとしても、曹洞宗も一万五千もあるから、これらに比べれば、日蓮宗の寺院数がずっと少ないのはたしかです。

なるほど、伝統仏教としての日蓮宗を対象とするかぎり、勝ち組とはとてもいえません。しかし、視点を少し変えて、新宗教団体まで視野に入れると、状況は俄然、変わってきます。つまり、創価学会・立正佼正会・霊友会・佛所護念会教団・顕正会など、日蓮宗系の新宗教団体を加えると、とてつもない大勢力になるのです。

文化庁文化部宗務課が毎年、公表している『宗教年鑑』の平成二三年度版によれば、創価学会の場合、信者数は公称で八二七万世帯とあります。実数をめぐっては五〇〇万〜二〇〇〇万といろいろな説があって、確定できませんが、とにかく桁違いに多いことはたしかです。立正佼正会の信者数は、公称で四〇〇万。同じく、霊友会と佛所護念会教団が一五〇万前後。顕正会が一三〇万です。これらの数字もあくまで公称ですから、実数はもっと少ないでしょうが、それでも膨大な数にのぼります。なにしろ、幸福の科学の公称一一〇〇万をのぞけば、ベストシックスのうち、なんと五つを日蓮宗系の新宗教団体が占めているのです。

したがって、その信者数は、おそらく、日本における仏教信仰者の過半に達するのではないでしょうか。とすれば、浄土真宗をはるかにしのぐ大勢力ということになります。

この傾向はなにも現在だけではありません。第二次世界大戦前は、宮澤賢治が会員だったことで知られる国柱会のような教団が、大きな影響力をもっていました。

では、なぜ、日蓮宗系の新宗教団体はここまで多くの信者を獲得できたのでしょうか。その答えは、これらの新宗教団体が、限界はあるにしても、それなりの近代化に成功したからです。

日蓮宗の事情

裏返せば、同じ日蓮宗系でも、伝統教団のほうは、近代化に成功したとはいえないことになります。しかし、そこには特別な事情がからんでいました。明治維新政府から弾圧されていたのです。

慶応四年＝明治元年（一八六八）の三月一七日から一〇月一八日にかけ、一二箇条が公布された神仏分離令を見れば、すぐわかります。そのなかに、名指しされていた宗派が二つありました。一つは「真宗各派へ神仏分離は廃仏毀釈に非ざる旨諭達」であり、もう一つは「法華宗三十番神の称を禁止する件」です。

読んでいただければわかるとおり、同じ名指しでも、方向はまったく逆です。浄土真宗にたいしてはすこぶる丁寧な態度をとっているのに、そのころ法華宗と称されていた日蓮宗にたいしては信仰の禁止令なのです。ちなみに、「三十番神」とは、日替わりで、国家や国民などを守護するとされた三〇柱の神々をまつる信仰で、いうまでもなく神仏習合の典型例です。

日蓮宗は中世以来、権力から常に警戒されてきました。開祖の日蓮が、仏教者には珍しく、現実政治につよい関心をもち、権力者にたいしても遠慮会釈なく批判や提案を繰り返したからです。

織田信長は京都や堺の町衆に日蓮宗の檀信徒が多かったことから、安土法論をはじめ、いろいろ難癖をつけては圧迫していましたし、江戸時代でも各地の藩が、なんやかやと理屈をつけては日蓮宗を弾圧しました。たとえば、岡山藩では、名君で有名な池田光政が、藩内にあった日蓮宗の寺院の九割近くを破却させています。この点は明治維新政府も同じでした。維新政府は神仏習合を目の敵にしていましたから、「三十番神」は弾圧の口実として格好の的だったにちがいありません。

反対に、浄土真宗は幕末期に時代の趨勢をみごとに見抜き、右往左往するばかりだったほかの宗派を尻目に、佐幕から倒幕に転じたこともあって、明治維新政府からはよい待遇を得ていたようです。

浄土真宗と日蓮宗の共通点

ここで、浄土真宗と日蓮宗という二つの宗派について、その教義の領域を、日本の近代化という視点から考えてみたいとおもいます。この二つの宗派は、一般には互いにまったく相容れないとおもわれがちです。事実、かたや他力、かたや自力を主張し、まっこうから対立します。また、日蓮はその主著とされる『立正安国論』において、浄土真宗の開祖、親鸞の師だった法然を、あやまった信仰をひろめて日本を内乱や外憂の大混乱におとしいれた張本人として、徹底的に非難しています。

しかし、結論から先にいってしまえば、実際にはかなりよく似た性格をもっています。まず、両方とも、念仏と題目という、しごく簡単明瞭でありながら、威力抜群とされる「唯一絶対の呪文、聖なる言葉」を駆使します。このことに象徴されるように、浄土真宗も日蓮宗も、純粋志向あるいは原理主義的な傾向がきわめて強いのです。古代以来、日本仏教界の正統派を自負してきた真言宗や天台宗のように、あれもこれもの路線とは、あきらかに一線を画しています。しかも、難行苦行とは無縁の、いわゆる易行《いぎょう》なので、誰でもすぐできるという特徴をもち、民衆への布教にむいています。

ご存じのように、明治政府の宗教政策は、神仏分離や修験道廃止令にみるとおり、多神教的な構造の拒否という側面をもっていました。おまけに、知識人たちも「シンプル・イズ・ベスト」とばかりに、良くいえば純粋志向へ、悪くいえば単純化へとはしり、同じ傾向をもっていました。そういう傾向は、浄土真宗にとっても日蓮宗にとっても、けっしてマイナスではなかったのです。

キリスト教によく似た性格

もっと重要な共通点もあります。両方とも、日本仏教の宗派としては例外的に、キリスト教的な、わけてもプロテスタンティズム的な性格を秘めているのです。なお、以下の文章で、キリスト教というとき、それはプロテスタンティズムを指していると思っていただいて、おおむねけっこうです。

浄土真宗がキリスト教に似ているという指摘は以前からありますが、日蓮宗も浄土真宗に負けず劣らず、キリスト教によく似た性格を秘めています。

例をあげれば、浄土真宗は阿弥陀如来ただ一仏のみしかあがめません。日蓮宗も、もっぱら釈迦如来の一仏しかあがめません。ほかの仏菩薩はすべて排除されます。厳密にいうと、日蓮宗では、一部の菩薩たちや、守護を担当する天部、あるいは天照大神と八幡神なども、釈迦如来の配下とされるかたちで、その存在が許され、さらに大黒天や鬼子母神も信仰の対象となってきましたが、開祖の日蓮がきずきあげた教理のなかで中核を占めているわけではありません。

ここで注目すべきは、日蓮宗が唯一絶対の聖典としてあがめる『法華経』が説く釈迦如来は、人間釈迦ではないという事実です。別の表現をするなら、歴史上に実在したブッダ（釈迦）ではなく、「久遠本仏《くおんほんぶつ》」という特別な存在にほかならないのです。

「本仏」とは、わかりやすく説明すれば、根本の仏という意味であり、万物の根源とされる仏です。誤解を恐れずにいうなら、世界創造をおこなわない点をのぞくと、もはや一神教の神とほとんどかわりません。仏教をはじめ、インド型の世界創造論の主流は、世界は誰かが創造するのではなく、おのずから生まれ出るとみなされますから、さすがに本仏でも世界創造はしないのです。

「本仏」は、「久遠本仏」というくらいなので、永遠不滅の存在です。したがって、歴史上に実在したブッダは、永遠の存在たる本仏の、いわば時間限定版・地域限定版とみなされます。すなわち、ブッダは、永遠の存在たる本仏が、いまから二五〇〇～二四〇〇年前ころに、八〇年間だけインドに出現したと解釈されているのです。

この構造は、キリスト教の「受肉（インカーネーション）」という発想にひじょうによく似ています。受肉では、イエス・キリストは、永遠不滅の絶対神が、パレスティナの地に、いまから二〇〇〇年前、三五年間だけ来臨したすがたとみなされるからです。この点では、日蓮宗は浄土真宗にもまして、キリスト教的といっていいとおもいます。

祖師崇拝と根本経典

浄土真宗も日蓮宗も、ご本尊の如来よりも、祖師を熱烈にあがめます。日本仏教は、多かれ少なかれ、この傾向をもっていますが、浄土真宗と日蓮宗は、空海を弘法大師としてあがめてやまない真言宗とならんで、突出しています。

浄土真宗の総本山たる東西の本願寺にいけば、それは誰の目にも明らかです。ご本尊の阿弥陀如来をまつる阿弥陀堂よりも、祖師の親鸞をまつる御影堂のほうが大きいのです。とりわけ東本願寺では、御影堂は阿弥陀堂の倍くらいも、規模が大きいのです。

祖師を熱烈にあがめる点では、日蓮宗も負けていません。いや、それどころか、祖師の名を宗派の名としている事実からわかるとおり、この傾向が浄土真宗以上に強いのです。付言すれば、日蓮宗の伝統教団では、あくまで本仏は釈迦如来であって、日蓮は本仏ではないとみなしていますが、一部の新宗教団体では、釈迦如来をさしおいて、日蓮を本仏とみなすところさえあります。

根本経典についても、原則として、浄土真宗は『無量寿経』のみ、日蓮宗は『法華経』のみと、徹底しています。日本の仏教界でもっともポピュラーな『般若心経』も、この両者だけはまったくもちいません。この点は、キリスト教が聖書のみを典拠とするのと、共通しています。

こういう事実もあります。無教会主義のキリスト教信仰で知られた内村鑑三は、その著書『代表的日本人』において、日蓮を宗教者として唯一、選んで顕彰しています。理由の一つは、日蓮こそ、日本史上最大の宗教改革者だったからだと、内村はいいます。

さらに、日蓮が『涅槃経』の「依法不依人」の言葉にもとづき、『法華経』という経典のみを根拠にして、ブッダの教えを理解すべきだと主張したことを指摘したうえで、この態度はマルチン・ルターの聖書のみを介して神と向き合うという態度と共通すると述べ、ゆえに日蓮はすばらしいと結論づけているのです。

じつは、日蓮宗がキリスト教とよく似ているという認識は、なにも内村鑑三から始まったわけではないようです。江戸時代が始まったばかりの一六〇二年、それまでキリシタン大名だった大村喜前（一五六九〜一六一六）は、幕府の宗教統制策により仏教への改宗をよぎなくされたとき、日蓮宗をえらびました。その背景には、熱烈な日蓮宗徒だった加藤清正のすすめもありましたが、それよりなにより大村喜前が、キリスト教にいちばんよく似ている仏教宗派は日蓮宗と考えたゆえだった、と大村氏の菩提寺、本経寺に伝承されているのです。

勝ち負けを分けた要因

浄土真宗と日蓮宗は、そしてもちろん日蓮宗系の新宗教団体も、キリスト教によく似て、非妥協的で排他的という共通点までもっています。いいかえると、自己正当化の度合いが、ほかの宗派とは比べものにならないくらい、強いのです。

そして、以上に述べてきた共通の傾向、つまりキリスト教につうじる傾向こそ、日本が近代化する過程で、他の仏教宗派がおおむね衰退したのとは対照的に、浄土真宗と日蓮宗がどうにか成功者でありつづけてきた理由だったと考えられます。

明治維新以降の「文明開化」は、文字どおり欧米化にほかなりませんでした。福沢諭吉の言葉を借りれば、「脱亜入欧」です。

そもそも、明治政府が、旧来の天皇制を援用しつつ、近代化に対応する政治制度としてきずきあげた国家神道は、神道という名称をもちいながら、「近代の西洋で育てられた国家儀礼システムを参考にし、国民の忠誠心や団結心を鼓吹する方策を編み出していくことによって、古代的な理想の再現と理解された祭政一致の体制」（島薗進『国家神道』岩波新書）でした。「近代の西洋」がキリスト教を基盤としている以上、国家神道のなかにキリスト教的な要素が紛れ込むのは、もはや必然といってよかったのです。

そうなれば、宗教の領域でも、陰に陽にキリスト教化が進むのは理の当然です。むろん、浄土真宗と日蓮宗がキリスト教によく似ているというのは、いわば一種の結果論であって、どこかの時点でキリスト教を真似たわけではありません。

ただ、近年、インド仏教史の分野で、阿弥陀信仰や『法華経』の成立に西方の宗教、とくにイランの宗教の影響を指摘する学説が登場してきていることは事実です。もし仮に、その影響関係が証明されるならば、阿弥陀信仰や『法華経』には、もともと一神教的な要素があったことになりますが、現時点ではまだそこまで検証はすすんでいません。

また、明治維新以降の時点で、浄土真宗の一部がむしろ積極的にみずからをキリスト教化しようとしたという指摘も出ています（末木文美士『浄土思想論』春秋社）。この件に関しては、寺院内にパイプオルガンを設置し、ご詠歌を賛美歌風に変えたなど、具体的にさまざまな傍証もあります。

いずれにしても、明治維新以降の日本仏教界において勝ち組になる条件の、少なくとも一つは、キリスト教に近いタイプの宗教だったのです。

ここでは禅宗については論じませんでした。禅宗といっても、臨済宗と曹洞宗では信仰の実態も信者の社会階層もかなり異なりますが、勝ち組に入るのか、それとも負け組に入るのか、というなら、勝ち組に入るといっていいかもしれません。それは、曹洞宗の寺院数が浄土真宗につづいて二番目に多いという事実からも証明できます。臨済宗も、江戸時代どころか鎌倉時代から、高級武士層の素養として尊ばれてきた歴史があり、明治維新以降も支配階層の大半が武士出身だったこともあって、健闘したとみなしていいとおもいます。

臨済宗の場合は、とりわけ知識人の関心をあつめてきました。日本の哲学者として、欧米にまでその名が知られた西田幾多郎（一八七〇～一九四五）にしても西谷啓治（一九〇〇～一九九〇）にしても、そのベースとなったのは臨済宗でした。その反面、大衆性に乏しいうらみがあります。ですから、社会全体への影響力となると、浄土真宗や日蓮宗には遠くおよびませんでした。

時代は変わる

話がここまで来れば、修験道を筆頭に、真言宗や天台宗や南都系仏教宗派が負け組にならざるをえなかった理由は、おのずからあきらかです。みなそろって、キリスト教とは縁遠いタイプだったからです。

近代化のなかでいちばん酷い目にあった修験道を例にとれば、多神教の極致として、神と仏を同等の存在としてあがめる。自然を神仏のいます聖なる場として、崇拝する。頭のなかであれこれ理屈をこねるよりも、自分の身体を悟りの場とみなして、実験実修、なによりも体験を重んじる……。これらの要素はキリスト教の価値判断に照らせば、ことごとくマイナスの要素になってしまいました。

しかし、時代は変わりました。近代化のなかでマイナスの要素と決めつけられていたものが、逆にプラスの要素に反転しつつあります。

鎌倉新仏教には共通する欠陥があります。それは身体や宇宙にまつわる領域がゼロに等しいのです。いささか硬い表現をすれば、身体論や宇宙論が決定的に欠けているのです。これは、現代人の関心が身体や宇宙にむかっていることを考えれば、かなり致命的な欠陥といわざるをえません。

この欠陥がいったいなにをもたらすか。わたしはその一端を、オウム真理教が引き起こした一連の事件の際に、思い知りました。いま、ここで詳しく述べているいとまはありませんが、わたしはオウム裁判にかかわり続けてきました。

そこで痛感したことがあります。いまどき宗教につよい興味をいだくような若者たちは、思想や哲学といった理屈の領域からでなく、みずからの心身をもって宗教的な真理に迫りたいと切望していたのです。そして、この切望が、チベット密教をモデルとするオウム真理教の修行に、かれらを引き寄せた一因だったのです。

少なくとも、身体や宇宙にまつわる領域にかんしては、鎌倉新仏教より旧仏教のほうがはるかに豊かです。

二一世紀型宗教の六条件

この件に関連して、かなり以前から、わたしは「二一世紀型宗教の六条件」を提案していま
す。以下が、その六条件です。

①参加型の宗教
②実践型の宗教
③心と体の両方にかかわる宗教
④自然と深くかかわる宗教
⑤総合的・包括的な宗教
⑥女性の感性や視点を重視できる宗教

この六つの条件は、宗教に関心のある方なら、どなたにも納得していただけるはずです。ご覧のとおり、ごくごく当たり前の項目ばかりだからです。

念のため、簡単に説明させていただくと、①②③は修行にかかわる条件です。わたしは、哲

学や思想ならともかく、本格的な宗教は修行なしに成り立たないと信じています。また、仏教修行の原点にある心身一如の原則からいって、心を正しい方向へみちびくには、身体性が欠かせません。

④は、修行の領域でも教義の領域でも、自然との関係が欠かせないという意味です。宗教のなかには、その両面において自然との関係がほとんどない事例もないではありません。教義の次元では自然を論じていても、修行の実践となると、自然と縁が切れている事例もあります。人類の未来が、温暖化の問題をはじめ、環境保護にかかっている現在、それでは困るとおもうのです。

⑤は、いま世界をおおっている各種の原理主義に抗するために、絶対にはずせない条件です。聖なるもの（神・仏）同士の関係から始まって、聖なるものと人間の関係、聖なるものと自然の関係、人間と自然の関係にいたるまで、総合的・包括的であることが、切実に求められているのです。

⑥も当然すぎるくらい当然の条件です。しかし、当然すぎるくらいの条件を、あえて提示しなければならないところに、大きな問題があります。他国の仏教はいざ知らず、日本仏教にかぎっても、まことに残念ながら、男女差別はいまもなお厳然として残っています。

近代化のなかで、新宗教に比べ、伝統仏教界が不振におちいってしまった原因の一つは、まちがいなく男女差別にあります。あらためて指摘するまでもなく、洋の東西をつうじて、宗教活動の主体は多くの場合、女性です。失礼を承知でいえば、とくに「おばさん」こと、中年の女性です。「おばさん」の取り込みに伝統仏教界は失敗し、新宗教は成功してきたのです。

たとえば、伝統仏教では、ご夫婦の内、夫の家系しか先祖供養してこなかったのにたいし、新宗教の一部は妻の家系まで先祖供養することで、「おばさん」の支持を得てきたのです。この点、伝統仏教界は猛省すべきです。

以上の六条件について、これらの条件をすべて満たす宗教は、現代のみならず、未来にも立派に活動していけるとわたしは考えています。その反対に、満たせない宗教は、そう遠くない将来、賞味期限切れとなって、ご退場いただくしかないでしょう。

第4章 悟りと伝授

悟り体験は一様ではない

ブッダが体験した悟りの内実が、こんにちにいたるまで明らかになっていないことは、すでに述べました。ある仏教学者は、この世に初めてあらわれた生命体から、ブッダ自身にいたるまでに、この世の存在したありとあらゆる生命体の生と死をすべて体験したのだ、という意味のことを、わたしにおっしゃいました。なるほど、そうかもしれません。しかし、確証はありません。

ブッダ自身の悟り体験はひとまず脇に置くとして、目を仏教の歴史に転じれば、それはブッダの教えを受け継ぐ偉大な人物たちによって、きずかれてきました。祖師とか開祖とかよばれるこれらの人々も、それぞれ悟りを体験しています。では、その悟りはみなブッダの悟りと同じだったのでしょうか。

そもそも仏教の修行は、ひとことでいえば、ブッダの悟り体験を、追体験することにほかなりません。ですから、祖師や開祖たちは、自分の悟り体験がブッダと同じと信じて疑わなかったでしょう。しかし、かれらの悟りがブッダの悟りと同じだったという保証は、じつはどこにもありません。なにしろ、ブッダ自身の悟り体験が明らかになっていないのですから、確かめようがないのですが、わたしは違っていた可能性のほうが高いと考えています。

また、祖師や開祖たちの悟りがみな同じだった保証もありません。残された文献を読むかぎり、悟りの内容はてんでんばらばらです。

例をあげましょう。大乗仏教においては第二のブッダとも尊崇され、森羅万象は実在していないという「空《くう》」の理論をきずきあげた龍樹は、おそらく森羅万象が実在していないという体験をしたとおもわれます。これはあくまでわたしの体験からする想像ですが、龍樹は物象がゆらめき、確固としたかたちを失って、向こう側まで透けて見えるような体験をしたのではないでしょうか。

また、龍樹を祖とする中観《ちゅうがん》派に対抗して、世界を八つの認識の複合体として理解し、さらにその根底に根源的な意識とされるアーラヤ識を想定したのが、唯識《ゆいしき》派です。この唯識派をきずきあげた無著《むじゃく》や世親《せしん》は、修行の過程で、物象が確固としたかたちを失って、最後には認識のエネルギーまでが光と化してしまう体験をしたのではないでしょうか。

ちなみに、中観派にしろ唯識派にしろ、頭のなかで、ただ観念的に結論を導き出したわけではありません。まず、なにがしか体験があって、つぎにその体験の意味を思考し、さらにその意味を体験とつきあわせるというぐあいに、体験と思考をつねに連動させることで、ああいう理論を想像したにちがいないのです。つまり、体験と思考は、やや硬い表現でいうなら、相互補完的な関係にあったのです。このへんは、ひたすら観念や論理で攻めていく近代的な哲学とはまったく異なります。「まず、体験ありき」だったのです。

カギュー派の開祖マルパの体験

つぎはもう少し具体的な事例を見てみましょう。まず、とりあげるのはチベット仏教における悟り体験です。チベット仏教は四大宗派といって、ゲルク派・カギュー派・サキャ派・ニンマ派という四つの宗派があります。このうち、以下にあげるのはカギュー派の開祖、マルパ（一〇一二〜一〇七九）の事例です。

マルパはインドへ留学してマイトリーパもしくはアドヴァヤヴァジュラ（一一世紀ころ）という名の人物に師事し、マハームドラーとよばれる秘法を伝授されました。マハームドラー（大印《だいいん》、大印契《だいいんげい》）は、「マハー（偉大なる）」＋「ムドラー（印・印契）」を意味しています。この場合、「印（印契）」には、さまざまな意味が込められていて、性的ヨーガの女性パートナーを意味することもあれば、修行者の心そのものを意味することもあり、悟りを得るための秘法を意味することもあります。

このように、マハームドラーはとても抽象的で、いろいろな解釈を生む余地があります。また、その実践方法はいくつもあり、禅の瞑想に近いタイプから、身体技法を極限まで駆使するハタ・ヨーガ的なタイプはもちろん、性行為を導入した修行、つまり性的ヨーガを不可欠とするタイプまであります。

マルパがマイトリーパから伝授されたマハームドラーは、「母光明」とよばれる普遍的な真理を、「子光明」とよばれる個別的な体験として把握する秘法でした。ここでいう「普遍的な真理」とは、大乗仏教の真理にほかならない「空」のことであり、その空は、修行者には、その内面に出現する光明のかたちで体験されるといいます。

ただし、ここでいう「光明」は、わたしたちが考える意味の光ではないようで、この点は注意が必要です。この領域では、言葉では表現できない何かを、とりあえず「光明」とか「光」と表現しているからです。ですから、瞑想しているときに光を見たからといって、それが悟り体験と直結するとはかぎりません。たいがいは、表層の浅い体験にすぎません。

このときの体験を、マルパは次のような詩句に書きしるしています。なお、詩句のなかの「戯論《けろん》」とは言語活動もしくは概念知という意味であり、「不生《ふしょう》」とは永遠という意味です。また、「三身《さんじん》たる母」とは、「法身」とよばれる「母光明」であり、「母光明」とは、すでに述べたとおり、普遍的真理すなわち「空」をあらわしています

東方のガンガー河の岸に行き、そこで大徳マイトリーパの恩恵により、

根本たる法性《ほっしょう》は不生なりと証解《しょうげ》し、空性《くうしょう》である心を把握し、
戯論を離れた不変なる最高真理の本体を見て、
三身たる母と現にまみえた。わが戯論をそれ以来断った。

（立川武蔵 訳）

マイトリーパは、ナーガールジュナ（龍樹）を祖とする中観派に属していましたから、マルパが体験した「光明」は、中観派的な解釈の「空」をありありと体験したことになりそうです。と同時に、「不変なる最高真理の本体を見」たといっているところから見て、いくら否定しても否定しきれない「なにか」が実在するとみなす唯識派の影響も無視できません。それでなくても、光の体験は、認識のエネルギーまでが光と化してしまうという唯識派の主張を思いおこさせます。

ちなみに、マイトリーパによれば、悟りの境地という意味でのマハームドラーは、「秋の曇りのない昼の空」に似ているそうです。

女性成就者マニバドラーの物語

女性の悟り体験もあります。仏教にはあきらかに女性差別的なところがあり、女性は悟れないとみなす意見も多々ありました。そのなかで例外的に、八世以降のインドで信仰された、い

わゆる後期密教は女性の悟りを認めています。

たとえば、八世紀から一〇世紀ころのインドで、悟りを開いて成仏した、いわゆる成就者たち八四人の生涯を描いた『八十四人の成就者伝』には、四人の女性成就者の伝記物語がおさめられています。ここでは、そのなかからマニバドラーという女性の伝記をかいつまんで紹介します。

マニバドラーはアガルツェという街の富裕な家に生まれ、一三歳で同じカーストの男性のもとに嫁ぎました。何不自由のない生活でしたが、実家に帰っていた、とある一日、クックリパという密教行者が乞食に訪れたのです。彼女はクックリパに、こう尋ねました。

「とてもハンサムなのに、なぜ、こんなふうにつぎはぎだらけの服をまとって、物乞いをしているのですか。お生まれと釣り合いのとれた素敵な奥様をお迎えになればいいのに……」

すると、クックリパは詩に託して、こう答えました。

「わたしにとって、輪廻ほど恐ろしいものはないのです。その輪廻から解脱するために、真の自由を獲得するために、こうしているのです。妻を迎えたりしたら、その甘い生活に溺れてしまい、解脱なんかどうでもよくなるのが目に見えていますから」

この返事を聞いたマニバドラーは、瞬時に目覚めました。そして、クックリパに弟子にしてくれるように頼んだのでした。クックリパは、夜中に墓地にある自分の住処に来るように指示しました。その言葉どおりに訪れたマニバドラーを見て、彼女の決心がゆるがないことを感じたクックリパは、チャクラサンヴァラとよばれる密教仏のイニシエーション（入門儀礼）を授けました。

実家にもどったマニバドラーは、婚家を抜け出し、どこの馬の骨ともわからない人物と夜をともにしたというので、両親になぐられ、激しくなじられました。しかし、彼女の心は変わりませんでした。実家でククリパから教えられた瞑想修行を一年間つづけたのち、夫に婚家へ連れもどされたマニバドラーは、とくに不平不満をいうわけでもなく、依然と変わらぬ平凡な主婦の生活を送り、三人の子供を生み育てました。

ところが、ある日、息子を男の子の節句祝いに連れていった彼女は、そこでグル・ククリパと再会したのです。初めて彼と出会ってから、一二年が過ぎていました。

グルと再会してしばらくたった朝のこと、マニバドラーは水汲みにいった帰り、木につまずいて壺を落とし、割ってしまいました。彼女はそこに立ち尽くし、じっと割れた壺を見つめていました。昼になっても妻が帰って来ないので、夫が捜しに来てみると、マニバドラーは放心したような状態でした。もちろん、夫の言葉も耳に入りません。

日没が訪れたとき、マニバドラーはこんな意味の詩を口ずさみました。

「壺は割れてしまった。どうして私が輪廻にとらわれた家に帰られましょうか。わが師よ。

大いなる至福を求めて、あなたにすべてをゆだねます」

そういうと、彼女は天高く昇っていきました。そして、空中で二一日間、アガルツェの人々に真理の法を説いたあと、マニバドラーはダーキニー（女性成就者）の浄土へ旅立ったという話です。

悟りの位置づけ

悟りに至る方法はともかく、「壺が割れてしまった」という、よく起こりがちな出来事で悟ったという体験そのものは、日常茶飯のなにげない出来事をきっかけに悟ることもあるという、日本の禅の悟り体験と通じるところがありそうです。

例をあげるなら、日本臨済禅の最高峰とされる大燈国師こと宗峰妙超《しゅうほうみょうちょう》（一二八二〜一三三八）は、机の上に鎖子（錠前）を放り出そうとして、以前、師からあたえられていた公案の真意を理解し、悟ったといいます。一休さんは、闇夜にカラスがカアカア鳴いているのを耳にして、悟ったそうです。もちろん、かれらの悟り体験も、それまでに厳しい修行を長期間にわたって積んできたという前提があるのですが、悟り体験そのものは、日常茶飯のなにげない出来事をきっかけとして、まさに突如として起こっています。

ちなみに、大燈国師の場合も一休さんの場合も、悟りの内容は「めいめい自己の心が仏である」ということだったと伝えられます。

ただし、禅の場合、気をつけなければならないことがあります。悟ったといっても、それで終わりというのではないのです。誤解を恐れずにいうなら、禅における悟りは、いわば悟り始めであって、そこからなにかが始まるのです。よい譬えかどうか、わかりませんが、音楽や美術のコンクールで優秀な成績をおさめるようなもので、古典的な用語をつかうなら、まさに「登竜門」にすぎないのです。ようするに、これからその道のプロとして生きていく許可を得たということです。

その証拠に、少なくとも後世に名を残した立派な禅僧は、師から「おまえは悟りを開いたのだ！」と認められ、後継者であることをしめす印可をさずけられても、それをすなおに受けとっていません。一休さんにいたっては、師から印可をわたされても、目もくれず内職のために座を立ったそうです。

いずれにせよ、大燈国師も一休さんも、そのあとでさらに修行を続けました。これを「聖胎長養」といいます。つまり、やっと自分のなかに宿った仏の胎児を、長い時間をかけて育て上げるという意味です。それに要する時間は「聖胎長養二十年」といって、すこぶる長い時間が必要とされています。大燈国師は京都の五条橋の下に行き、乞食の群れに混じって聖胎長養を始めました。

この点は、マニバドラーとは大きく異なります。『八十四人の成就者伝』にしるされた「彼女は天高く昇っていきました。そして、空中で二一日間、アガルッェの人々に真理の法を説いたあと、マニバドラーはダーキニー（女性成就者）の浄土へ旅立った」という文章がいったいなにを意味しているか、よくわかりませんが、悟ったあと、早い話が昇天したということらしく、マニバドラーがこの世を去ったことを暗示しています。とすれば、彼女の悟り体験は悟り始めではなく、究極の悟り体験だったことになります。

悟りと快楽

ここまで紹介した悟り体験の事例はどれもこれも古い話です。もっとわたしたちの時代に近くて、もっと具体的な事例もみてみる必要があります。

この条件にうってつけの事例があります。釈宗演の悟り体験です。釈宗演は明治から大正時代にかけて大活躍した臨済宗の僧侶で、鎌倉の円覚寺の中興の祖とされる人物です。夏目漱石が円覚寺に参禅したときの師であり、漱石の葬儀でも導師をつとめました。明治以降の近代化のなかで、もっとも有名なお坊さんだった人といっていいでしょう。

その釈宗演が明治二〇年から三年間、真の仏法を求めて、スリランカに留学しました。その帰り道、バンコクで船に乗っているときに、悟り体験をしたのです。そのときのことを、「楞迦窟洪嶽演禅師示衆」という文章に残しています。この文章は漢文で、ひじょうに難解なので、わたしが現代語訳したものを用意しました。

夜がふけてゆき、乗船している人たちも寝静まり、船中ひっそりと静まりかえり、舷側にともされた灯りが川底を照らしていました。このとき、蚊の大群が襲ってきて……。私は自分の身体を蚊に喰われるにまかせ、蚊が私の血を吸って満腹するのであれば、それもまたよいと思いました。

そう思って、午前零時ころ、甲板の上で、着ていたものをすべて脱ぎ捨て、素っ裸になって深い瞑想に入りました。はじめのうちは、蚊の唸る音が耳もとにうるさかったのですが、そのうちに蚊と私が溶け合ってしまい、熱いとか腹が空いたとか喉が渇いたとかいう感覚がなくなってしまいました。そして夜明け前にいたり、寝ているのか覚めているのかわからなくなり、身体が羽のようになって、虚空に飛翔するかのようで、その快さは言葉になりませんでした。

そのときのことでした。雷鳴が轟きわたり、稲妻が走りました。猛烈な雨が降りそそぎ、頭から背中から、まるで瀧の水を浴びているかのようでした。しばらくして目を開けて、周囲を見わたすと、季節はずれの真っ赤なグミの実が私の前にたくさん落ちていました。

よく見るとそれは私を襲った蚊の群で、血を吸いすぎたせいか死んでしまったようでした。ようするに、坐禅をしていたが、熱帯のことなので蚊が猛烈に飛んできて、もう体中めちゃくちゃ刺された。しかし、そのうちに深い瞑想の境地に入った。それは、まさに羽化登仙《うかとうせん》のごとき、すばらしい快感だったというのです。

しかも、ものすごいスコールが降ってきたにもかかわらず、気づかずにずっと瞑想を続け、まさに究極の快楽を味わって、ふっと目覚めると雨はやんでいて、自分の周りに血を吸ってグミのようになった蚊が、ばらばらと落ちていたという話です。

この事例からわかるとおり、悟り体験と切っても切れない関係にあるのが、じつは快楽です。古来、悟り体験には必ず強烈な快楽がともなうというのが、仏教の鉄則らしいのです。ありていにいってしまえば、悟り体験は最高に気持ちいいはずなのです。

悟りをどう伝えるか

悟りの内実を他者にどう伝えるか。これは、仏教のように修行を必須とするタイプの宗教にとって、絶大な関心事です。

たいがいの場合、それは言葉、もしくは言葉を筆記した文字によって、なされます。ブッダ自身、おそらく四五年の長きにわたり、多くの人々に説法しつづけました。その説法は、ブッダの入滅後、かなり長い時間をへてから、文字化されました。それが経典（仏典）です。そして、経典をひもとくことで、わたしたちはブッダの悟りについて、なにがしか知ることができます。

しかし、ブッダは悟りを得た直後から、悟りについて積極的に説こうとしたわけではありません。むしろ反対に、説くことにいたって消極的でした。仏伝はみなそろって、ブッダが法を説くことをためらったと語っています。その期間は、最低でも一週間、もっと長かったという伝承もあります。この点は、いわゆる原始仏典の段階から大乗仏典にいたるまで、繰り返し繰り返し説かれていることをみて、おそらく事実だったとおもわれます。

では、なぜ、ブッダは説くことをためらったのでしょうか。その理由は、自分が悟った内容はあまりに難しく、だれにも理解できないにちがいないと考えたからでした。あるいは、ひとはみな煩悩のとりこになっているので、とうてい理解できないと考えたからでした。

たとえば、「わたしのさとったこの真理は深遠で、見がたく、難解であり、しずまり、絶妙であり、思考の域を超え、微妙であり、賢者のみよく知るところである」（中村元訳『ブッダ悪魔との対話 サンユッタ・ニカーヤII』岩波文庫）というわけです。同じく、原始仏典のなかには、「わかりっこない連中に説くのは疲れるだけだから、やめておこう」と思ったという、なにか妙にリアルな感じの伝承（Vinaya, Mahākhandhaka）もあります。

最終的には、世界の主とされた梵天（ブラフマー）の必死の願いを聞き入れて、ブッダは法を説くことになります。これが「梵天勧請」の逸話です。

ここで注目したいのは、『悪魔との対話』に書かれている「わたしのさとったこの真理は……思考の域を超え」ているという部分です。この文章をすなおに読むかぎり、ブッダの悟りは「思考」によっては得られないことになります。たしかに、悟りが「思考」によって得られるのであれば、筋道を立てて、じゅんじゅんと説いていけばよいはずですから、ブッダがあれほどためらう必要はなかったでしょう。もちろん、相手の資質や経験にもよりますが、原則としては、いま申し上げた手順で、けっこういけるはずです。

ところが、ブッダの悟りは思考の域を超えていたために、そうはいかなかったのです。ここが大切なところです。

仏教にかぎらず、宗教の根幹には「思考」を超えたものがひそんでいます。キリスト教にしても、ナザレのイエスという人物が神、もしくは神の子であることを認めなければ、成り立ちません。また、死後、三日目に復活したことを認めなければ、成り立ちません。

教義の領域でも、同じことがいえます。カトリックやプロテスタントはもとより、ほとんどすべてのキリスト教派が採用する「三位一体《さんみいったい》」がその典型例です。

「三位一体」とは、父なる神と子なるイエスと聖霊（神の息吹、現実世界における神の働きかけ）が一体であるという教義です。この「三つが一つであり、一つが三つ」という教義は、誰が考えても理解を超えています。まったく不合理で、論理的に説明できません。ですから、この教義は、理解すべき対象ではなく、信ずべき対象とみなされてきました。現に、最初期のキリスト教神学をになったテルトゥリアヌス（一六〇?～二二〇?）は、「不合理ゆえに、我信ず」という言葉を残しているくらいです。

手を握れば……

では、「思考」を超えたものは、いったいどうすれば伝えられるでしょうか。この課題をめぐって、仏教はさまざまな方法を開発してきました。つぎにあげる例も、その一つです。

それは『華厳経』に書かれている方法です。この経典は三世紀の成立といいますから、初期の大乗仏典です。全体はかなり大規模なものですが、なかでも最後に位置する「入法界品《にゅうほっかいぼん》」がもっとも重要と考えられています。「法界」は「真理の領域」を意味しますので、「入法界品」は「真理の領域を探求する章」ほどの意味になります。

この「入法界品」は、善財童子《ぜんざい》という少年が、悟りの道を求めて、五三人の聖者たちを訪ねて、遍歴する物語です。登場してくる聖者たちは、必ずしも聖者らしい聖者とはかぎりません。

商人もいれば、船頭もいれば、神々もいます。きわめつきは遊女までいることです。彼女の教えはじつに傑作で、「わたしを抱きしめるだけで、あるいはわたしにキスするだけで、菩薩の境地に導いてあげます」なんて書かれています。

さて、悟りの境地の伝授という点で注目すべきはビーシュモーッタラニルゴーシャ仙、漢訳本では毘目瞿沙仙《びもくえいしゃせん》と記されている聖者の場合です。毘目瞿沙仙はある特別な方法で、善財童子に悟りの境地（境界）を伝えたのです。それが以下の場面です。

そこで、毘目瞿沙仙は、善財に次のように語った。「善男子よ、私は無敵の旗印（無壊幡）」という菩薩の解脱を体得しているだけである」

善財は尋ねた。「聖者よ、その無敵の旗印という菩薩の解脱の境界はいかなるものでしょうか」

すると、毘目瞿沙仙は、右手を伸ばして善財童子を撫で、（彼の）右手をとった。善財童子は、毘目瞿沙仙に右手をとられるや否や、直ちに十方にある十百千の仏国土の微塵の数に等しい仏国土を見た。そして、そこで十百千の仏国土の微塵の数に等しい如来方の足下に自分がいるのを知った。

（梶山雄一監修『華厳経入法界品　さとりへの遍歴　上』中央公論社）

ようするに、毘目嬰沙仙は善財童子の手を握ることで、悟りの境地を伝えたのです。こういうと、多くの方は「これはあくまで物語かファンタジーであって、そんなことあるはずがない！」とおもわれることでしょう。

ラーマクリシュナの悟り

しかし、わたしは十分にありうると考えています。証拠に近い事例があるからです。それは一九世紀のインドで最大のヒンドゥー教聖者といわれるラーマクリシュナ（一八三六～一八八六）と、愛弟子のヴィヴェーカーナンダ（一八六三～一九〇二）のあいだにおこった出来事です。

ラーマクリシュナは希代の神秘家でした。最初は、ふつうは血と酒と殺戮を愛する女神として恐れられているカーリーと一体化するという体験をします。ちなみに、ラーマクリシュナにとってのカーリーは、恐ろしい女神ではなく、美しくひたすら優しい女神だったようで、「マー（お母さん）」と呼びかけています。

その後、ラーマクリシュナはほかの神々とも一体化する体験をします。そして、最後には瞑想中に、愛してやまないカーリーを一刀両断することで「無分別三昧」、すなわち自我も無ければ空間も無い絶対無分別の状態を体験します。こうしてラーマクリシュナは、特定の人格神にたいする信仰を超えたのです。その境地においては、宇宙の最高存在にほかならないブラフマン（梵）は、すがたもなくかたちもなく、いっさいの限定を離れていましたから、言葉では絶対に表現できませんでした。それでいて、ブラフマンは、ラーマクリシュナが愛してやまない大実母、すなわちカーリー女神とまったく同じものだったのです。

このとき、「無分別三昧」は六カ月間もつづきました。かれ自身の回想によると、外界にたいする意識はまったくなく、死体みたいで、鼻や口の穴に蝿が出入りし、体も髪も埃まみれで、ひどいありさまだったといいます。もちろん、飲食を完全に絶っているので、通常なら脱水状態におちいり、最後には餓死してしまうはずです。ところが、きびしい修行の連続によって体質が変化していたのか、そうはなりませんでした。もっとも、ある時期からは、そばにいた人々がむりやり流動食を喉に流し込んでいたそうですが、それにしても、常人ではとても考えられないことでした。

この体験ののち、さらにかれは、イスラム教徒やキリスト教徒に師事して、それぞれの教えをさずかり、修行にはげみました。その結果、キリスト教のイエスと聖母マリア、イスラム教のアラー、仏教の空などを、みずから体験したのでした。かくしてラーマクリシュナは、すべての神と宗教は一に帰すという結論に達します。

かれにいわせれば、世界中の宗教は、究極の一なる神が、それぞれの時代と人に合わせて、あらわれたものなのです。したがって、究極の一なる神に至るためには、ひとそれぞれが自分に合った道をあゆんでいけばよいのです。

ラーマクリシュナはこう述べています。「名前はちがっても、なかみはまったく同じもの。……宇宙の大実母は、子どもたちのおなかに合うように、料理を作ってくださる。みんなの胃袋の消化力は同じじゃないからね」（『不滅の言葉』ブイッーソリューション）。

インドの宗教哲学という視点から見れば、ラーマクリシュナは、ヒンドゥー教史上、最大の聖者にして最大の哲学者と尊崇されるシャンカラ（七〇〇?～七五〇?）の衣鉢を継ぐとみなされています。シャンカラがとなえた哲学は「アドヴァイタ」とよばれます。直訳すると、「二番目のものがない」という意味です。「二番目のものがない」ということは「一番目のものはある」という意味でもあります。

問題は、なにが「一番目のもの」で、なにが「二番目のもの」か、です。答えは、「一番目のもの」はブラフマンです。「二番目のもの」は、わたしたちを含む現象世界です。シャンカラにいわせれば、現象世界は「幻（マーヤー）」にすぎません。つまり、現象としてかろうじてあるものの、その実在性はごく微弱なのです。

この教えを裏返せば、この世には神しか存在しないのですから、この世の森羅万象はことごとく神そのものにほかならないということでもあります。こういう存在にまつわる究極の真理を、ラーマクリシュナは悟ったといわれます。

ヴィヴェーカーナンダに右足をのせて

ラーマクリシュナの後継者となって、かれの教団を大発展させた最大の功労者、ヴィヴェーカーナンダは名家の出身です。父親は進歩的な思想を信奉する有能な弁護士、母親もインド古典文学に精通する才女として有名でした。当時のインドとしては稀に見る恵まれた環境で、ヴィヴェーカーナンダはなに不自由なく育ったのです。かれの教養はほとんど西欧ゆらいであり、合理的かつ実証的な精神に富んでいました。いいかえると、ヴィヴェーカーナンダの内面において、インドの伝統的な要素は、母親から多少は受け継いだものの、重要な地位を占めてはいませんでした。

ラーマクリシュナとヴィヴェーカーナンダの出会いは偶然だったようですが、ラーマクリシュナは一目でヴィヴェーカーナンダこそ自分の後継者にふさわしいことを見抜きました。ヴィヴェーカーナンダが一八歳のときのことです。

もっとも、ヴィヴェーカーナンダのほうは、少なくとも最初は乗り気ではなかったようです。「わたしのところにいらっしゃい」とラーマクリシュナからいわれて、友達と連れだって出かけてみたものの、会うやいなや「あなたこそ人類を救うために化身されたナーラーヤナ大神であらせられます」といわれて、びっくり仰天。この人は頭がおかしいと思ったといいます。おまけに、ラーマクリシュナから、まるで赤ん坊みたいに、お菓子を口に入れられ、まいったと述べています。しかし、相手があまりに熱心なので、そこは良家の御曹司ですから、こんどは一人で再び訪ねる約束をしてしまいます。

劇的な出来事は、ヴィヴェーカーナンダが約束どおりラーマクリシュナのもとを訪ねたときに起こりました。ヴィヴェーカーナンダが訪れると、ラーマクリシュナは小さなベッドのうえで瞑想していましたが、ヴィヴェーカーナンダのすがたを見ると、いかにも嬉しそうに近寄ってきて、なにかよくわからないことをぶつぶつつぶやきながら、ヴィヴェーカーナンダの体のうえに右足をのせました。

その瞬間、ヴィヴェーカーナンダはいまだかつてない体験をしたのです。

「とつぜん、両眼を開けているのに、部屋の中のすべてのものが、壁もろとも渦を巻いて虚空のなかへ消え去った。全宇宙が虚無に溶けこもうとしていた。これは死だ、と感じて私は恐怖にかられ、思わず大声で叫んだ——あーっ、あなたは何をしたんです？ 私には両親があって、先に死ぬわけには……」とヴィヴェーカーナンダが言ったとき、ラーマクリシュナは、朗らかな笑い声をたてながら私の胸に手をふれた。「今はやめておこうか。いっぺんに知らせることもない。そのうち、だんだんと……」と言いながら、その言葉が終わらぬうちに、部屋はすっかり元のままに戻り、内も外も、何事もなかったように落着いていた。（田中嫺玉『インドの光　聖ラーマクリシュナの生涯』ブイツーソリューション）

その後も、同じようなことをヴィヴェーカーナンダは何度も体験しました。ラーマクリシュナがかれの体にふれた瞬間、表層の意識は失なわれ、深い神秘に没入していったのです。

やがて歳月は流れ、ラーマクリシュナの後継者となったヴィヴェーカーナンダは、一八九三年の五月一五日から一〇月三日までのおよそ五カ月間にわたって、アメリカのシカゴで開催された万国宗教会議の席上、「あらゆる宗教の真理は同一である」ことを訴える講演を一〇回もおこない、世界の宗教界に絶大な影響をあたえたのでした。なお、この会議には日本からも、真言宗の土宜法龍、天台宗の麓津實全、臨済宗の釈宗演、浄土真宗の八淵蟠龍の四名が、さらに教派神道の神道実行宗の柴田礼一、日本キリスト教会の小崎弘道が参加していました。

わたしは、ラーマクリシュナとヴィヴェーカーナンダとのあいだに起こったこと、つまり身体的な接触による真理の伝授は、ありうることだと考えています。そして、この方法がひじょうに古くからあったことは、『華厳経』の毘目瞿沙仙と善財童子の物語から、十分に類推できると考えています。少なくとも、荒唐無稽といって、一笑に付すことはできません。

空海VS.最澄

真理の伝授は日本仏教でも大きな課題でした。この件をめぐっては大きな論争も起きています。たとえば、その後の日本仏教のありかたを決定したとされる二大巨人、空海と最澄のあいだでも大論争がありました。その結果、七年におよんだ両雄の交友は絶たれてしまいました。両雄の交友が決裂してしまった原因について、よく取り沙汰されるのは、最澄が空海のもとへ勉強にやらせた愛弟子の泰範が、空海のところに行ったきり、帰ってこなかったという事件です。

たしかに、最澄は泰範をことのほかかわいがっていたようです。帰ってくるようにうながす手紙を何度も何度も書き送っています。その文面を読むと「棄てられし同法（仲間）最澄」とか「老僧を棄つるなかれ」と書かれていて、恋情綿々たるものが感じられ、一時は同性愛説も語られたくらいです。真偽のほどはさだかではありませんが、わたしはいらぬ詮索とおもっています。

しかし、交友の決裂した原因が、泰範の去就だけにあったとはおもえません。別の、もっと根本的な原因がありました。それが真理の伝授をめぐる見解の相違です。とりわけ、密教における真理の伝授をめぐって、見解がまっこうから対立していたのです。

両者のあいだを往復した書簡を読むと、空海はこう考えていたようです。なるほど、年下の自分に、あえて師とあがめてまで不十分な密教について教えを請う最澄の姿勢は立派である。しかし、惜しいことに、最澄は密教をまったく誤解している。密教は師から弟子へと、心身の深い領域における交流をとおしてのみ伝授が可能となるのに、最澄は書物を読みさえすれば密教はわかると思い込んでいる。あの経典を貸してくれ、この本を見せてくれと、際限なく催促してくる。考え違いもはなはだしい……。

そのことを白日のもとにさらす事件が起きました。『理趣釈経《りしゅしゃく》』という書物の貸借をめぐって、空海と最澄が鋭く対立したのです。『理趣釈経』は『理趣経』の注釈書です。その『理趣経』は、男女の性の行為によって生まれる快楽は、本来限りなく清らかであり、そのまま菩薩の境地にほかならないと説いています。これで驚いてはいけません。『理趣経』の真意を正しく把握していさえすれば、「たとえ三界の一切衆生を殺害したとしても、地獄に堕ちることはない」というような文言まで説かれています。

したがって、説かれている文言をそのまますなおに受けとったら、とんでもない結果を招きかねません。それを、密教の正統な後継者を自他ともにみとめる空海は危惧したのです。そんな事態を未然に防ぐために書かれた注釈書が『理趣釈経』なのです。ですから、まず『理趣釈経』を学ぶ必要があるのですが、その『理趣釈経』もまた、密教に特有の象徴的な表現や隠喩だらけなので、密教の本質をわきまえていない者には絶対に読ませてはならない、とされていました。

その点からすると、最澄は密教をちゃんと学んでいないので、読む資格がありません。ところが、最澄はそういうことに頓着しません。いくら説明しても、「貸してくれ、読ませてくれ」といい張ります。いよいよこれはだめだ、と判断した空海は、最澄の要請を却下しました。

自分のたっての願いを断られて、最澄は心外でした。年下の空海に丁寧な言葉を尽くし、あなたの大事な書物をお借りして勉強したいと、下手に出ているのに、相手はにべもなく断ってきたのです。さすがに怒ったのか、自著の『依憑天台宗』に、「新来の真言家、すなわち筆受の相承を亡泯す」と書いています。つまり、最近、頭角をあらわした真言密教の人物、つまり空海は文字をもって真理を受け継ぐという伝統を滅ぼしたという意味です。

どうやら空海と最澄のあいだには、密教の理解をめぐって越えがたい溝があったようです。

師の資格と弟子の資格

密教における師と弟子それぞれの資質については、空海を開祖とする真言密教が、『金剛頂経』とならんで根本聖典とあがめる『大日経』の「具縁品」に書かれています。

まずは阿闍梨《あじゃり》（アーチャールヤ）とよばれる密教の師について、一六の徳目をあげています。以下がそれです。

①菩提心（悟りを求める心）を発《おこ》していること。
②すぐれた智恵をもつこと。
③慈悲の心をもつこと。
④いろいろな技能に通じていること。
⑤般若波羅蜜（究極の智恵）を求めて、よく修行していること。
⑥声聞乗・縁覚乗・大乗の三乗に通じていること。
⑦真言が秘める本質を理解していること。
⑧生きとし生けるものの心をよく知っていること。
⑨もろもろの仏菩薩をあつく信仰していること。
⑩密教を受け継ぐ資格を得るために、伝法灌頂《でんぽうかんじょう》などを授かっていること。
⑪曼荼羅に描かれている内容を理解していること。
⑫バランスがとれ、しかも柔軟な精神の持ち主であること。
⑬我執を離れていること。

⑭真言密教の修行をきわめていること。
⑮ヨーガ（瞑想・観想）に習熟していること。
⑯なにがあってもけっして退かない、勇猛な菩提心をもっていること。

つぎは弟子の資格です。これには五つの徳目をあげています。

①（心身両面において）もろもろの汚れを離れていること。
②仏教をかたく信じ、その教義によく通じていること。
③なにがあってもけっして退かない、勇猛な菩提心をもっていること。
④仏教にたいする深い信仰をもっていること。
⑤つねに自分はさておき、他者の救済をこころがけていること。

ちなみに、これら五つの徳目は、初心者用の徳目にすぎません。本格的に密教を継承する段になると、さらに一〇の徳目が要求されることになります。

いずれにしても、師にしろ弟子にしろ、資格をすべて完璧にそなえていなければならないとなると、これは難題です。とくに師としての資質を完璧にそなえた人材となれば、滅多なことではお目にかかれないに決まっています。

チベット密教の場合

日本とならんで密教が活動してきたチベットの事例もよい参考になります。チベット人は、仏教にまつわるいろいろな分野で、いわゆるマニュアルを作るのが、日本人よりもはるかに得意です。もちろん、マニュアル化することが良いか悪いか、領域によって判断は分かれますが、こと師と弟子の関係については、はっきりした規定のあったほうがよいとおもいます。

ここではまず、チベット仏教史上、最大の天才であり、ダライ・ラマを指導者とあおぐゲルク派の開祖でもあるツォンカパ（一三五七〜一四一九）の見解を紹介しましょう。なお、ここでいう「ラマ」は「密教の師匠」を意味しています。

ラマが弟子の器を観察しないで、誰にたいしてもおかまいなく灌頂を授けるならば、器にあらざる弟子は三昧耶《さんまや》（密教の戒律）を守ることができませんから、現世と来世の二世にわたるあやまちを生じます。ラマにとっても、非常に多くの過失をなして三昧耶を犯すことになり、自分自身の悉地《しつじ》（完成の境地）を成就することも遠のき、さまざまな障害に妨げられてしまう結果になります。

弟子の方でも、ラマの資格を観察せずに、やたらと灌頂を授けられたりすると、悪い師にだまされることになります。どうせそんなラマでは三昧耶を守れはしませんから、悉地を成就する基を断絶させられるはめになるうえ、さまざまな障害に妨げられてしまう結果を招いてしまいます。

ですから、ラマの弟子も、お互いによくよく観察する必要があるのです。

（『ガクリムチェンモ（大真言道次第論）』）

たとえば、宝石を研磨し、黄金を焼いたり切ったりして、その良し悪しを観察するのと同様に、ラマと弟子も、お互いを十二年間にわたり観察しあいなさい。もし、そうしないと、さまざまな障害が生じて、せっかく獲得した悉地も失われ、苦しむことになります。

（『金剛鬘タントラの花輪』）

このように、師も弟子も、お互いに資質をちゃんと見抜く必要があるのです。それをおろそかにすると、とんでもないことになります。その最悪の事例を、わたしたちはオウム真理教に見たはずです。

第5章 経典と解釈

お経も多種多様

ひとくちに経典といっても、その内容はいろいろあります。いわゆる原始仏典とか初期仏典とかよばれる経典は、基本的にブッダの言行録です。ですから、内容的に矛盾は生じないはずですが、実際にはつじつまが合わないところがたくさんあります。

大乗仏典になると、それどころの話ではありません。矛盾はいくらでも見出せますし、互いにまったく逆の説すらいくらでも指摘できます。

もっとも典型的な例は、ブッダの寿命にまつわる考え方の違いです。俗名をガウタマ・シッダールタと称した歴史上のブッダは、永遠不滅の存在をいっさい認めなかったとされます。ところが、大乗仏典が描き出すブッダ像は、そのほとんどが永遠不滅の存在です。

たとえば、『法華経』の説くブッダは「久遠実成」、つまり無限に近い過去においてすでに悟っていたと定義され、実際上は永遠不滅の存在です。この点は、『華厳経』の毘盧遮那如来も、『大日経』や『金剛頂経』の大日如来もまったく同じです。浄土三部経に説かれる阿弥陀如来は、解釈にもよりますが、通常はやはり無限の寿命をもつとみなされるようです。もし仮に阿弥陀如来の寿命が短いとなると、救われない人がたくさん出てしまい、困ったことになります。

救いの方法も、経典によって、いちじるしく異なります。浄土三部経は「他力」、すなわち阿弥陀如来の救済力をひたすら信じることを説くのにたいし、その他の経典は「自力」、すなわち自分自身を心身ともに鍛えあげることでしか救いは得られないと説いています。これはどちらが良いとか悪いとかいう問題ではなく、同じ仏教といっても、その歴史的な展開において、さまざまな可能性が発見されたと考えるほうが的を射ています。

以下では、日本の仏教界で、聖典としてあがめられてきた代表的な経典のうち、もっとも影響力が大きい『法華経』『無量寿経』『般若心経』を紹介していきます。順番は、原則として、成立年代順です。ただし、『般若心経』が四世紀前半の成立なのはかなり確実ですが、『法華経』と『無量寿経』にかんしては、両方とももっとも古い大乗仏典であることは確かでも、どちらが先に成立したか、まだよくわかっていません。ここではいちおう、『法華経』→『無量寿経』の順番に述べることにします。

この成立年代順にかんしては、とても興味深い事実があります。歴史の教科書で「旧仏教」と書かれている天台宗・真言宗・南都仏教が聖典としてきた経典のほうが、「(鎌倉) 新仏教」と書かれている宗派が聖典としてきた経典よりも、成立がずっと遅いのです。いいかえると、ずっと新しいタイプの経典なのです。つまり、「旧仏教」が新しいタイプの経典をつかい、「新仏教」が古いタイプの経典をつかってきたということです。なぜ、そうなったのか。考えてみる価値はあります。

『法華経』

最初に申し上げておきます。それは、『法華経』がこんなに人気があるのは日本だけという事実です。生まれ故郷のインドでは目立つような評価はありません。チベットでも、稀に滅罪のために読まれるのがせいぜいで、とりたてていうほどのことはありません。中国では一時期、たいそうもてはやされましたが、その後は冴えませんでした。

ところが、日本では凄い人気を博して、いまにいたっています。別の章でもふれたとおり、新宗教までふくめれば、日本における仏教信仰の過半数がこの法華経信仰かもしれないくらいです。ということは、『法華経』はよほど日本人の心に強く訴えるものがあるとしかおもえません。

『法華経』は、正式には『妙法蓮華経』といいます。原語のサンスクリットでは、『法華経』は「サッダルマ・プンダリーカ・スートラ」といいました。「サッ」は、ほんとうは「サット」ですが、次にくる単語との関係で、音がつまり、「サッ」と表記されています。意味は「正しい」とか「善い」です。

したがって、「正」と漢訳するのが常道で、現に竺法護という訳者は『正《しょう》法華経』と訳しています。ところが、『正法華経』はほとんど広まらず、いま『法華経』といえば、もっぱら鳩《く》摩羅什《まらじゅう》（三五〇～四〇九ころ）訳の『妙法蓮華経』を指します。この場合、「サット」は「神秘的」とか「不思議」という思いを込めて、「妙」と漢訳されています。

「ダルマ」は「法」とか「真理」という意味です。これはそのまま「法」と漢訳されました。

「プンダリーカ」は、「白い蓮華」という意味です。仏像の多くが、蓮台といって、蓮華をかたどった座にすわっていることからわかるように、仏教にとって蓮華は特別な意味をもっていました。たとえば、汚い泥のなかから、きよらかな花を咲かせるという特徴が、煩悩にわずらわされない清浄無垢な性格を象徴するとみなされたのです。

「スートラ」は「お経」という意味です。もともとの意味は「糸」とか「紐」でしたが、そこから派生して「糸や紐によって貫かれ、たもたれているもの」という意味に転じ、ついで「聖典」という意味に転用されたようです。漢字の「経」も、もともとは「縦糸」という意味です。

以上を総合すると、「妙＋法＋白蓮華＋経」となります。これが直訳したときのタイトルです。このうちの「白」だけが省略されて、『妙法蓮華経』となり、さらに「妙」と「蓮」が省略されて、『法華経』になったというわけです。

『法華経』には、いま紹介した竺法護と鳩摩羅什による漢訳のほか、七世紀に闍那崛多《じゃなくった》と達《だつ》磨笈多《まぎゅうた》が共同して漢訳した『添品《てんぼん》妙法蓮華経』もありますが、時代と合わなかったり、訳の出来があまりよくなかったせいか、広まりませんでした。なにしろ、鳩摩羅什の影響力は圧倒的なのです。

いつ、どこで、成立したのか

インド仏教の歴史を簡単におさらいすると、次のようになります。

①初期仏教（紀元前五・四世紀〜紀元一世紀）
②中期仏教（紀元一〜七世紀初）
③後期仏教（七世紀初〜一三世紀初）

『法華経』は、中期仏教の最初のころに成立しました。もう少し具体的にいうと、西暦一〜二世紀ころに成立したとみなされています。大乗仏典としては、かなり古いタイプといっていいでしょう。もっとも早い時期に成立した大乗仏典は『八千頌般若経』で、紀元一世紀ころの成立といいますから、『法華経』はその次くらいの順番になります。

ただし、二八品《ほん》（章）から構成される『法華経』が全部ほぼ同時に、ということはわりあい短い時間で成立したのか、それとも長い時間をかけ、いくつかの段階をへて成立したのか、をめぐってはいろいろな説がありますが、どれもまだ仮説にとどまっているようです。成立した場所については、西北インド説が有力ですが、これまた定説とまではいえません。

鳩摩羅什

先に述べたように、『法華経』をサンスクリットから漢文へ、いいかえると中国語に翻訳したのが鳩摩羅什です。彼は、現在は中国の新疆ウイグル自治区クチャ県となっている亀茲《きじ》国で生まれました。鳩摩羅什という名前は「クマーラジーヴァ」というサンスクリットの名前を漢字で音写したものです。

慧皎《えこう》（四九七〜五五四）の『高僧伝』によれば、父親はインド西北部のカシミール地方生まれの名門貴族で、代々、宰相をつとめる家系でした。母親も亀茲国王の妹と伝えられていますから、ひじょうに高貴な身分の出身だったわけです。

鳩摩羅什は母親とともに十代後半で出家し、はじめは初期仏教を学びましたが、のちに大乗仏教に転向しました。このへんは唯識派の巨人、世親とよく似た経歴です。とにかく鳩摩羅什は天才的な頭脳の持ち主で、仏教のほかにも、文学、論理学、天文学、占星術、吉凶の占い、医学、工芸技術など、いろいろな才能に恵まれていたようです。文字どおり、万能の天才だったのです。また、ひとがらはとてもすっきりとしていたのですが、同時に人なみはずれた自信家でもあったといいます。

当時は戦乱の時代でした。亀茲国も、東の方から侵入してきた後涼という国に攻略され、鳩摩羅什も捕虜になってしまいます。しかし、鳩摩羅什はすでに仏教僧としてたいへん有名だったこともあって、後涼をひきいていた呂光は、鳩摩羅什を優遇しました。それにこたえて鳩摩羅什は、呂光のもとで、風水を占う風水師や軍師をつとめたという伝承があります。このころ仏教僧は神異僧《じんいそう》といって、神秘的な力があると信じられていたため、政治や戦争で重要な役割をになう例が少なからずありました。

ただし、このとき呂光は鳩摩羅什に女性をあてがい、破戒させました。その理由やいきさつにかんしては諸説ありますが、ほんとうのところはよくわかりません。呂光に脅迫されてしかたなくという説もあれば、密室のなかで女性といっしょに酒をしこたま飲んだ末、関係が生じてしまったという説もあります。いずれにせよ、鳩摩羅什が三五歳のときでした。

後涼は呂光の死後、後継者争いなどから衰退し、後秦の姚興《ようこう》に滅ぼされてしまいます。しかし、この姚興もまた鳩摩羅什を優遇しました。国師として礼遇したのですから、破格の対応です。そして都の長安にまねき、仏典の翻訳に専念させたのです。

この姚興も鳩摩羅什に破戒させようとしました。つねに十人の妓女《ぎじょ》を鳩摩羅什にはべらせたのです。この場合は、鳩摩羅什のような天才はきわめて稀で、もしかれが死んでしまえば仏教の種が絶えてしまうと心配するあまり、鳩摩羅什の子供をつくらせようとしたと伝えられます。

その一方で、仏典の翻訳は順調にすすみました。翻訳は、おおぜいの聴衆を前に、いわば説法するようなかたちでおこなわれたようです。まず、鳩摩羅什がサンスクリットの原文を膝にのせて、それを読みながら訳文を口にします。すでに翻訳されたものがあった場合は、照らし合わせます。弟子たちと質疑をかわしたのち、訳文を弟子たちが筆記します。これで問題なし、となれば、今度は鳩摩羅什が、持ち前の才能を発揮して、美しい文章に書きあらためました。

鳩摩羅什は、仏教にたいする深い理解だけでなく、語学や文学の才能によほどめぐまれていたらしく、その訳文は流暢かつ絶妙とたたえられてきました。鳩摩羅什とならんで二大訳聖と称讃される玄奘三蔵にくらべると、玄奘三蔵の訳文は正確ですが、鳩摩羅什ほど美しくないと評されています。原因の一つは、玄奘が研究所のようなところで、一般人をいっさい立ち入らせず、もっぱら弟子たちだけを相手に、しかも分業制で翻訳をすすめたためともいわれます。

もっとも鳩摩羅什自身は、漢訳した仏典はサンスクリットの原典にくらべると、リズム感や表現の多様性などの点ではるかに劣る、つまらない、と嘆いていたようです。それどころか、とりわけ偈《げ》（詩句）の部分については、「サンスクリットの原文を中国語に翻訳すると、もともとの美しい文藻が失われ、大意はつかめても文体に致命的な齟齬を生じてしまう。まるでご飯をかんで人にあたえると、味が失われるだけでなく、吐き気をもよおさせるようなものだ」とまで、いい残しています。

鳩摩羅什が翻訳した代表的な仏典には以下のものがあります。『金剛般若経』『維摩経』『弥勒下生経《げしょう》』『中論』『百論』『成実論』、そして『法華経』です。どれをとっても、日本をふくむ、東アジアの仏教に絶大な影響をあたえたものばかりです。

六〇歳でこの世を去るにあたり、鳩摩羅什はこういう趣旨の遺言をのこしました。「わたしは中国生まれではなかったのに、いかなる因縁か、仏典の翻訳に従事し、三〇〇巻あまりを訳しました。これらの経典を正しくひろめていただきたい。もしも、わたしの翻訳に誤りがなかったならば、わたしの遺体を火葬しても、舌だけは焼きただれないで、そのままの形をとどめるでしょう」。この遺言のとおり、鳩摩羅什の舌は焼けずにのこったと伝えられます。

全体の構成

『法華経』は、八巻二十八品で構成されています。「品」は「章」の意味ですから、全部で八巻、二八章ということになります。ちなみに、たとえば第十六章にあたる如来寿量品は、現代の常識では「第十六章　如来寿量」というぐあいに、章番号＋タイトルになりますが、仏教の伝統では「如来寿量品第十六」といって、タイトル＋章番号になります。

章立てと、説かれる概要は、以下のとおりです。

①序品　『法華経』が説かれる時空にまつわる状況設定
②方便品　如来が巧みな方便を駆使する理由
③譬喩品　この世は火宅だというたとえ話
④信解品　貧しい息子と大金持ちの父親（＝如来）のたとえ話
⑤薬草喩品　あらゆる植物をはぐくむ雲（＝如来）のたとえ話
⑥授記品　五人のお坊さんが悟りを開くという予言
⑦化城喩品　過去の因縁について
⑧五百弟子受記品　五百人のお坊さんたちが悟りを開くという予言
⑨授学無学人記品　二千人のお坊さんたちが悟りを開くという予言
⑩法師品　真理を説法する者
⑪見宝塔品　仏塔と多宝如来の出現
⑫提婆達多品　悪人も女人も悟りを開けるという実例
⑬勧持品　たゆみない努力
⑭安楽行品　『法華経』を広める者に必要な四つの特性
⑮従地湧出品　数かぎりない菩薩たちの出現
⑯如来寿量品　如来の寿命は永遠という真理

⑰分別功徳品　正しい信仰がもたらす福徳
⑱随喜功徳品　正しい信仰がもたらす随喜
⑲法師功徳品　真理を説法する者が獲得するほんとうの利益
⑳常不軽菩薩品　デクノボーとよばれた菩薩の物語
㉑如来神力品　如来の偉大な神通力
㉒嘱累品　『法華経』の布教をゆだねられた者
㉓薬王菩薩本事品　過去世で自分の体に火をつけて喜捨した薬王菩薩の物語
㉔妙音菩薩品　瞑想が得意な妙音菩薩の物語
㉕観世音菩薩普門品　現世利益抜群の観世音菩薩の働き（『観音経』）
㉖陀羅尼品　『法華経』の信仰者を守護する聖なる呪文
㉗妙荘厳王本事品　過去世でバラモン教から仏教へ改宗した王の物語
㉘普賢菩薩勧発品　『法華経』の信仰者を守護する普賢菩薩

以上の二十八品を、日本仏教の伝統的な教学では、①序品から⑭安楽行品までと、⑮従地湧出品から㉘普賢菩薩勧発品までに、ちょうど半分ずつに分け、前半を「迹門《しゃくもん》」、後半を「本《ほん》門《もん》」とよんできました。

「迹門」の「迹」という漢字は、跡や蹟という漢字の異体字です。したがって、「迹門」は、この世に「あと」あるいは「すがた」をのこした、もしくはあらわした如来による教えという意味になります。専門的な用語をつかうなら、「迹仏」の教えです。具体的にいうと、いまから二四〇〇年ほど前に、インドで生まれて仏教を創始し、八〇歳で亡くなったガウタマ・シッダールタ、すなわちブッダのことです。

それにたいし、「本門」は「本仏」による教えという意味です。「本仏」とは久遠、つまりほとんど永遠に近いくらい昔に悟りを開いて、如来になった存在を意味します。ようするに、神に匹敵する存在です。

『法華経』の考え方によれば、歴史上のブッダはこの「本仏」が、この世に「あと」あるいは「すがた」をのこした、あらわした、という話になります。もう少しわかりやすく表現するなら、ほとんど永遠の存在である「本仏」が、時期限定・地域限定で、この世に出現したというわけです。

発想としては、キリスト教における父なる神と子なるイエスの関係によく似ています。なぜなら、キリスト教の教義では、イエスは、永遠の存在である神が、いまから二〇〇〇年ほど前という時間限定、パレスティナという地域限定で、あらわれた、とみなされているからです。「迹門」と「本門」のどちらをより高く評価するか、をめぐっては、見解が分かれます。日本では「本門」を重視してきました。もっとも、この種の評価は、いわば教学上の解釈ですから、わたしたちはあまりとらわれないほうがよいとおもいます。また、昔から方便品と安楽行品と如来寿量品と観世音菩薩普門品は「四要品」とよばれ、とくに重要とされてきました。

一乗・三乗と譬喩

『法華経』の特徴は、おおむね以下の点にあります。

- 三乗《さんじょう》にたいし、一乗《いちじょう》を説き、だれでも悟れると強調する。
- 「方便」という発想を駆使する。
- ブッダは「久遠実成」、すなわち永遠不滅の存在とみなす。
- 女性の成仏を、仏教としては例外的に、積極的に認める。
- 徹底的に弱者の立場に立つ。
- 「諸法実相」という発想にもとづいて、この世の存在を肯定する。
- 譬喩をもちいて、わかりやすく説く。

ここでは全部をとりあげている余裕はないので、「一乗・三乗」「方便」「女性の成仏」「譬喩」について、説明します。

まず、『法華経』は、三乗にたいして一乗を説きます。三乗とは、声聞乗（ブッダの教えに接して、悟りを開く者のための教え）と縁覚乗（ブッダの教えに接せずに、独自に悟りを開く者のための教え）と菩薩乗（大乗仏教の教え）を指しています。『法華経』にいわせれば、声聞乗と縁覚乗は、いわゆる小乗仏教です。それにたいし、菩薩乗は大乗仏教をさしているというのが通説ですが、『法華経』が成立した時点で、はたして大乗仏教という概念が確立していたかどうか、わからないという説もあります。

一乗とは仏乗であり、これこそが真実の教えだと『法華経』は主張します。『法華経』は、悟りへ導いてくれる教えはたった一つしかない、とくりかえしくりかえし強調します。ただし、三乗をあたまから否定はしません。それなりの有効性は認めます。これが「方便」という考え方です。ようするに、最終的には『法華経』に統合されるとしても、そこにいたる過程では、『法華経』以前に説かれた教えにも、いくばくかの意味はあるというわけです。

このあたりを『法華経』は譬喩を駆使して語ります。あなたがたはまだ気づいていないが、この世は猛火につつまれた家、すなわち「火宅」という話がその典型例です。この「火宅」の譬喩では、猛火につつまれた家は大邸宅なのに、出口はたった一つしかない、という設定になっていて、文字どおり一乗を象徴しています。

ちなみに、この「(三車）火宅」の譬喩をはじめ、『法華経』には「法華七喩《ほっけしちゆ》」といって、つぎの七つの譬喩がつかわれています。

①三《さん》車《しゃ》火《か》宅《たく》（譬喩品）
②長《ちょう》者《じゃ》窮《ぐう》子《じ》（信解品）
③三《さん》草《そう》二《に》木《もく》（薬草喩品）
④化《け》城《じょう》宝《ほう》処《しょ》（化城喩品）
⑤衣《え》裏《り》繫《けい》珠《じゅ》（五百弟子受記品）
⑥髻《けい》中《ちゅう》明《みょう》珠《しゅ》（安楽行品）
⑦良《ろう》医《い》病《びょう》子《し》（如来寿量品）

「長者窮子」は、出来の悪い息子の帰還を待つ慈悲深い父親の物語で、新約聖書の「放蕩息子の帰還」にそっくりの内容です。また、「良医病子」では、最終的な目的が正しければ多少の嘘は許されることになっていて、俗にいう「嘘も方便」みたいな話です。

永遠不滅のブッダと自我偈

日本の仏教界で『法華経』を語るとき、古来、いちばん重要とされてきたのが「如来寿量品」です。この章は、その名がしめすとおり、「如来の寿命が無限大」であることを説いています。こういう考え方は、この章の冒頭ですでに指摘したように、初期仏教にはありませんでした。その意味からすれば、仏教は『法華経』が登場した時点あたりで大展開を遂げたことになりますし、まさにそれが大乗仏教だったのです。

しかし、歴史上のブッダ、いいかえれば釈迦如来は八〇歳で入滅してしまいました。その後、如来はこの世にあらわれていません。これを「無仏の時代」といいます。もし、つぎに如来があらわれるとすれば、それは弥勒が如来になるときですから、五億六千七百万年後です。なお、よく「五六億七千万年後」と書かれていますが、仏典が漢訳されたころの「億」は「千万」という意味だったので、一桁小さい数が正解です。

ブッダが八〇歳で入滅してしまった、という現実にたいし、『法華経』はそれは「方便」にすぎないと主張します。その理由が傑作です。

この件については、「如来寿量品」の末尾にある偈（詩句）を読むのがいちばんです。この偈は、冒頭が「自我」から始まっているので「自我偈」とよばれていて、『法華経』のなかでも飛び抜けて有名な箇所です。以下ではとくに肝心な部分をわたしの現代語訳で紹介します。

わたしが仏になってから現在にいたるまで、経過した時間は数えきれず、百×千×万×億×千億×一〇の五六乗劫にもなります。

その間、つねに真実の法を説きつづけ、数限りないものたちを教化して最高の悟りにみちびきました。わたしが仏になってから現在にいたるまで、経過した時間は数えきれません。

生きとし生けるものすべてを救うために、方便を駆使して、涅槃に入ったように見せかけてきました。しかし、ほんとうは死んでいないのです。つねに、ここにいて、真実の法を説きつづけているのです。

つねに、ここにいるのに、さまざまな神通力をつかって、あやまった見解にとらわれている者たちには、ほんとうはすぐ近くにいるのに、あたかもいないかのように、見せかけているのです。

人々はわたしが死んでしまったとおもいこんで、遺骨を一生懸命に供養し、みなそろって恋い慕って、なにがなんでもわたしに会いたいという心が生まれるのです。生きとし生けるものすべてが信仰心にみちあふれ、正直になり、すなおになり、心優しくなって、ひたすら仏にお会いしたいと願って、自分の生命も惜しまなくなるのです。

そのとき、わたしは多くの弟子たちとともに霊鷲山《りょうじゅせん》にすがたをあらわすのです。そして、わたしは、つねに、ここにいて、けっして死にはしないと教えさとすのです。方便の力を駆使して何度でも、死んでは再びよみがえるように、見せかけるのです。どこかほかの国でも、仏教を信仰する者たちがいるのであれば、わたしはそこにすがたをあらわして、最高の法を説くのです。

あなたがたは、このような事情を知らないで、わたしが死んでしまったとおもいこんでいるのです。わたしは、生きとし生けるものが苦しみの世界に沈んでいることを知っているのです。

しかし、すぐにはすがたをあらわさず、何が何でもわたしに会いたいという心をはぐくむのです。わたしに恋い焦がれる心が十分にはぐくまれたとき、はじめてすがたをあらわして、真実の法を説くのです。

わたしが駆使する神通力とは、こういうものなのです。一〇の五六乗劫のあいだ、わたしはつねに、この霊鷲山もしくは別の場所にいつづけているのです。

生きとし生けるものが、この世の終わりがきて、世界がすべて焼き尽くされていると見たり思ったりしているときも、わたしがいる世界は安穏なのです。

……………

いつもわたしのすがたを目にしていると、どうしてもおごりの心を生じて、愛欲をはじめさまざまな欲望に身をゆだね、悪しき境涯に堕ちてしまうのです。

どうです。なかなかおもしろい発想とはおもいませんか。最後のところなど、「いつまでもあると思うな、親と金」みたいな話です。

「嘘も方便」にあたる箇所もあります。


仏が語る言葉は真実であって、けっして虚妄ではないのです。

すぐれた医者が、すばらしい方便をつかって、尋常ならざる精神状態におちいっている子供たちを治すために、ほんとうは生きているのに、死んでしまったといっても、それが嘘だと主張するひとはいないのと、まったく同じなのです。

…………


いつもわたしがこう考えているゆえんは、なんとしても生きとし生けるものすべてを、最高の悟りの境地にみちびき、できるかぎり速く、仏にしてあげたいからなのです。

いささか弁解がましい感じもなきにしもあらず、ですが、妙に納得させられる理屈ではあります。

女性の成仏

女性の成仏を積極的に認める点も『法華経』ならではの特徴です。この件は「提婆達多品」で説かれています。『法華経』の成立史からすると、「提婆達多品」は全体がほぼ完成してから、あらたに付け加えられたようです。また、提婆達多（デーヴァダッタ）は、仏教における悪人中の悪人という扱いが常識なのに、ここでは前世におけるブッダの師であり、将来は如来になることもブッダから予言されていて、ひじょうに尊重されています。理由はいろいろ憶測されていますが、よくわかっていません。

日本でも、『法華経』は女性たちの信仰がとくにあついお経でした。まちがいなく、人気ナンバー・ワンです。その理由はひとえに、この「提婆達多品」が説く女人成仏にありました。「提婆達多品」に説かれている女人成仏は、これまでの通説では、「変成男子《へんじょうなんし》」といって、女性の身体そのままではなく、いったん男性の身体に変身してから悟りを開いて仏になる、と解釈されてきました。

しかし、『法華経』の研究がすすんだ結果、最近はじつはそうではないことがわかってきました。ほんとうは、サーガラ龍王の娘はすでに女性の身体のままで、すみかの海中で成仏していたのです。

ところが、舎利弗や智積菩薩のような頭の堅い連中はそれをどうしても理解できません。そこで、かれらにも成仏が真実であることが理解できるように、わざわざ男性の身体に変身してみせたにすぎないというわけです。

論拠は、『法華経』冒頭の序品の記述にあります。序品には、文殊師利菩薩が過去世において『法華経』を説いて、日月燈明《にちがつとうみょう》如来の八人の王子たちを成仏させたと書かれています。つまり、文殊師利菩薩が『法華経』を説くとき、成仏する者が必ずあらわれるのです。「提婆達多品」でも、文殊師利菩薩は海中で『法華経』を説いたと書かれています。ですから、その時点で、サーガラ龍王の娘は成仏していたのです。

興味深いのは、サーガラ龍王の娘が女性から男性に変身するプロセスです。鳩摩羅什の漢訳では、「龍王の娘は、そこにつどっていた者たち全員が見守るなかで、あっという間に、男性に変容しました」としか書かれていませんが、サンスクリット本ではもっと具体的というか、露骨というか、とにかくもっとくわしく描写されています。

そのとき、サーガラ龍王の娘は、すべての世間の人々の環視するなかで、シャーリプトラ長老の見ている面前で、その女性の器官が消失し、男性の器官が出現して、自分が菩薩であることをあらわして見せ、そのとき南の方角に進んでいった。それから、南の方角にある塵がない（無垢）という世界において、七宝からなる菩提樹の根もとに坐って、自分が悟りをひらき、三十二の相をそなえ、すべての（八十の）随好をそなえ、光明をもって十方を照らし出し、教えを説いているさまをあらわしてみせた。

（松濤誠廉・長尾雅人・丹治昭義訳『大乗仏典4　法華経』中央公論社）

日蓮宗の開祖となった日蓮は、この「提婆達多品」を根拠にしつつ、さらに思考を深め、『女人成仏抄』という書物を書いて、女性は女性の身体のままで成仏できると断言しています。日本の仏教史上、こういうことを主張したのはこの日蓮、およびそのライバルだった真言律宗の叡尊《えいそん》と忍性《にんしょう》の師弟が最初です。とりわけ日蓮は同じ書物のなかで、「鬼道の女人たる十羅刹《じゅうらせつ》女《にょ》も成仏す」、つまり人を殺して食うなど悪辣なことで名高い羅刹女すらも、『法華経』の功徳で如来になれる、とまで主張しています。

『無量寿経』

阿弥陀如来を信仰して、極楽浄土への往生を願う浄土信仰は、「浄土三部経」を根拠にしています。「浄土三部経」とは、康僧鎧《こうそうがい》（三世紀ころ）訳と伝えられる『無量寿経』、畺良耶舎《きょうりょうやしゃ》（三八二～四四三）訳と伝えられる『観無量寿経』、および鳩摩羅什訳『阿弥陀経』を指していますが、「浄土三部経」というジャンル分けは、法然が初めて提唱したらしく、日本浄土教の先輩格にあたる中国浄土教にはなかったようです。

『無量寿経』と『観無量寿経』と『阿弥陀経』のうち、『無量寿経』と『阿弥陀経』はサンスクリット原典が残っているので、インドで成立したことが確実ですが、『観無量寿経』は漢訳しかありません。仏教学者の末木文美士先生によれば、サンスクリット原典はもともと存在せず、インドで開発された阿弥陀如来にまつわる瞑想法を、中央アジアのトルファンあたりで漢字表記したものではないか、といいます。

成立は『無量寿経』がもっとも古く、おそらく紀元前後のころ、西北インドで、と考えられています。『阿弥陀経』は少しおそく、同じく西北インドで、紀元後一世紀の成立。『観無量寿経』の成立はさらにおそく、四世紀後半から五世紀前半ころのようです。

なお、『無量寿経』と『阿弥陀経』では、同じ阿弥陀如来でも呼び方が異なります。『無量寿経』では経典名とは裏腹に「無量光（アミターバ）」ですが、『阿弥陀経』では「無量寿（アミターユス）」なのです。漢訳では「無量寿」が一般的です。理由は、中国人は長寿をことのほか求める傾向が強く、もともとあった道教の不老長寿の路線とうまく折り合うためだったのではないか、という説が有力です。

ただし、日本浄土教では様相が異なり、親鸞は「無量寿」よりも「無量光」を重視して、「帰命尽十方無碍光如来」という表現を多用しています。『尊号真像銘文』という著書では、「尽十方無碍光如来ともうすは、すなわち阿弥陀如来なり。この如来は光明なり」と述べています。

阿弥陀如来

じつは、阿弥陀如来にたいする信仰は、インドでは盛んではなかったようです。なぜなら、確実に阿弥陀如来像であることがわかる仏像の作例は、たった一つしか見つかっていないからです。この事実に関連して、インド仏像研究の第一人者、宮治昭先生は「インドでは、阿弥陀信仰はたいそう弱かったのであろう。浄土教美術といえるものもインドには見られないのである」（『仏像学入門』春秋社）と述べています。

この点は、日本では、国宝もしくは重要文化財に指定されている如来像のうち、阿弥陀如来像の数がだんとつの一位という事実とまったく対照的です。ちなみに、二位は薬師如来像で、肝心の釈迦如来像は第三位にすぎません。

阿弥陀如来のルーツについても、ブッダにたいする信仰の延長線上に、救済者としての要素が極大化して誕生したとはいい切れません。近年では、西アジアゆらいの宗教から影響をうけた可能性も指摘されています。

紀元前後に、仏教のみならず、バラモン教・ヒンドゥー教にも、超越的な存在にたいするひたすらな信仰による救済という発想が突如として出現しました。こういう発想はそれまでインドの宗教界にはまったくありませんでした。それを考えると、この時期に、西アジアから新たな動きが導入されたとみなすほうが自然です。

また、「無量光（アミターバ）」と「無量寿（アミターユス）」の関係もよくわかりません。もともとは異なる存在にたいする呼称だった可能性も否めません。

時代がずっとくだってしまうので、あくまで参考事例ですが、チベット仏教では、「無量光（アミターバ）」と「無量寿（アミターユス）」は、おのおの別の如来です。わたしたちが極楽浄土の主としてイメージしているタイプはもっぱら「無量光（アミターバ）」のほうで、もう片方の「無量寿（アミターユス）」のほうは、その名のとおり、不老長寿をつかさどる如来として、白ターラ菩薩や尊勝仏母《そんしょうぶつも》とともに「長寿三尊」の名のもとにまつられています。

話をもとにもどして、阿弥陀如来の寿命について述べておきます。『無量寿経』では、なにしろ「無量寿」というくらいですから、阿弥陀如来の寿命は無限です。ところが、『無量寿経』よりも成立が古い『大阿弥陀経』では、阿弥陀如来の寿命には限りがあって、やがて涅槃に入ってしまうのです（末木『浄土思想論』五二頁）。そして、そのあとは観音菩薩が役割をうけつぎ、観音菩薩もまた涅槃に入ったのちには、勢至菩薩が後継者になると説かれています。

このように、たとえ如来であっても、寿命に限りがあるという考え方は『法華経』にも見られます。『法華経』では、「授記」といって、釈迦如来が仏弟子たちにむかい、「未来世において、あなたは必ず如来になる」と予言します。この予言には、かれらが如来となったあかつきにつかさどる仏国土の様相と如来の寿命が付随しているのです。それを読むと、釈迦如来自身などのごく少数の例をのぞき、仏弟子がなる如来には寿命に限りがあります。いいかえると、永遠不滅の存在ではないのです。この点はあまり指摘されませんが、初期大乗を考えるとき、無視できない要素といってよいでしょう。

誓願

大乗仏教の特徴の一つは、歴史上のブッダをモデルとする釈迦如来のほかに、複数の如来が出現したことにあります。そのなかでも、阿弥陀如来や薬師如来など、初期大乗の如来たちには特別な性格があります。それは、過去世においてまだ菩薩だったころ、自分の師である如来の前で、「これこれのことが実現しないかぎり、わたしは悟りを開いて如来にはなりません」といって「誓願」とよばれる約束をし、その後のながきにわたる修行の結果、如来になったというものです。

また、如来となったのちには、いまわたしたちが生きているこの世界とは別のところに、仏国土とよばれる独自の世界を主宰し、そこで教えを説いて生きとし生けるものすべてを救うという点も、注目すべき点です。その仏国土は、菩薩の修行によって清められた世界という意味から、漢訳経典では浄土とよばれ、阿弥陀如来の極楽浄土、薬師如来の瑠璃光浄土がもっとも有名です。なお、インド仏教には浄土にあたる言葉はなく、あくまで仏国土とよばれています。

ここで重要なことは、極楽浄土はもとより、仏国土へは死なないければ往けないという点です。逆にいえば、生きているうちに往くことはできません。ほかの仏国土にもまして、極楽浄土はとくにこの点が強調されます。つまり、極楽浄土は死後世界として存在しているとみなされているのです。別の表現をするなら、極楽浄土は死後に生まれ変わるべき理想の場として設定されているのです。

『無量寿経』によれば、阿弥陀如来の前身は法蔵という名の比丘、すなわちお坊さんでした。その法蔵比丘が四八の誓願を立てたのです。

ここからが阿弥陀信仰の核心部分です。かつて四八の誓願を立てて修行にはげんだ法蔵比丘は、いまみごとに阿弥陀如来となって極楽浄土を主宰しています。法蔵比丘は「これこれのことが実現しないかぎり、わたしは悟りを開いて如来にはなりません」と誓願したのですから、如来になっているということは、誓願はすべて実現したはずです。もし、そうでないなら、阿弥陀如来になっているわけがありません。

誓願の内容は、簡単にいえば、あらゆる手段を駆使して、五逆とよばれる極悪人をのぞき、生きとし生けるものすべてを救うということです。したがって、わたしたちはこの誓願を根拠に、阿弥陀如来の救いにあずかれるという結論になります。

極楽浄土は実在するか

さきほど、極楽浄土は死後世界として存在しているとみなされている、と述べました。この設定そのものには問題はありません。

問題は、極楽浄土は実在しているか否か、です。もう少し丁寧にいうと、極楽浄土は、この大宇宙のどこかに、最近では空間は一一次元もあるそうですから、必ずしもわたしたちがいる次元と同じでなくてもよいですから、ともかくも実在するのかどうか、です。

末木文美士先生によれば、もっとも初期の阿弥陀信仰のかたちを伝える『大阿弥陀経』や『平等覚経』では、極楽浄土は実在の場として設定されているそうです。ところが、やや遅れて成立した『無量寿経』になると、「空」の理論が導入された結果、極楽浄土は実在していないと説かれるようになります。同じく阿弥陀如来も「空」ですから、実在はしていないことになります。

わたしたちの常識的な感覚では、極楽浄土も「空」、阿弥陀如来も「空」では、まるで雲をつかむような話で、頼りなくてしかたありません。でも、そこはこういう理屈で乗り越えます。すなわち、極楽浄土も阿弥陀如来も、「空」なるがゆえに、いっさいの時空間を超えて、西方十万億土、つまりわたしたちがいまいる世界から、西に向かって、十万億の仏国土のかなたに設定された極楽浄土へ往ける。さらに、「ご来迎」といって、阿弥陀如来のご一行様も臨終の人をお迎えに来てくださる、というわけです。これが「空」でなかったら、物理法則にがんじがらめに縛られてしまい、そんなに膨大な時空間を瞬時に超えることなど、できっこないという話です。たしかに、「空」の理論からすれば、そうなります。

しかし、以上はあくまで理屈です。これで万人が納得したとはとてもおもえません。なぜなら、極楽浄土も阿弥陀如来も「空」で片付けられては、信仰対象としてはどうにもリアリティに欠けているからです。一般の人々にとっては、そんな難しい教理をもちだされても当惑するしかありません。

お坊さんたちにしても、そのへんの事情はあまり変わりなかったはずです。阿弥陀信仰では、『観無量寿経』に典型を見るように、阿弥陀如来や極楽浄土の様相を瞑想する修行がさかんにおこなわれましたが、阿弥陀如来や極楽浄土を瞑想するとき、瞑想の対象は「空」なのだから、実在はしていないという前提で、はたして瞑想する気になるでしょうか。

おそらく、無理でしょう。やはり、どこかに実在していると信じている阿弥陀如来や極楽浄土を、みずからの心のなかにありありと映し出したいという気持ちで、瞑想していたにちがいありません。言語矛盾みたいな表現で恐縮ですが、「空」だから実在しないのではなく、「空」

なるものとして実在すると考えていたのではないでしょうか。いずれにしても、「空」にこだわりすぎると、古代や中世の人々がいだいていた信仰心を見誤りかねない、とわたしはおもいます。

あんのじょう、阿弥陀信仰が中国でひろまるにつれ、またまた問題が蒸し返されます。中国仏教界の主流は、「空」の理論との整合性を重視して、極楽浄土も阿弥陀如来も、わたしたちの心のなかにあるという考え方でした。専門的な用語でいうなら、「唯心浄土《ゆいしんじょうど》、己心《こしん》の弥陀《みだ》」です。それにたいし、中国浄土教の第三祖として有名な善導（六一三～六八一）は、極楽浄土は実在すると主張しました。これを「指方立相」といいます。

具体的にいうなら、わたしたちがいまいる世界から西に向かって、十万億の仏国土のかなたに極楽浄土はたしかにある、というわけです。ただし、極楽浄土は三界六道、すなわち欲界《よくかい》・色界《しきかい》・無色界《むしきかい》および地獄・餓鬼・畜生・修羅・人・天からなる六道を離れているそうですから、わたしたちがいまいる世界とは次元が異なっている可能性はあります。

そういう細かい詮索はともあれ、善導にいわせれば、西の方のどこかに極楽浄土はちゃんとあり、そこに阿弥陀如来もちゃんとおられるというのです。そして、「南無阿弥陀仏」ととなえる称名念仏によって、極楽浄土へ往生できると提唱したのです。

この善導流はとてもわかりやすく、しかも実践しやすいので、一時期、中国の浄土教を風靡しました。お寺のなかで学問にいそしんでいるお坊さんはともあれ、布教の現場にいるお坊さんにとっては、話が具体的で人々を信仰にみちびきやすいため、善導説は使い勝手が抜群によかったのです。

しかし、善導流の隆盛は一時的でした。善導の没後まもなくして廃れてしまいました。その衰退ぶりは、『観無量寿経』の注釈書として善導がしるした『観無量寿経疏』（『観経疏』）という主著すら、中国本土では、一部を残し、失われてしまったほどです。その理由を末木文美士先生は「善導のこのような解釈は、仏教の理論から見るとかなり異端的なものであり、特殊なものです」と指摘しています（末木『浄土思想論』）。

また、中国浄土教は、瞑想を重んじる禅と融合し、禅の修行を実践しながら、同時に念仏をとなえ、死後には極楽浄土への往生を願うという「禅浄一致」が主流になったことも、善導流が没落していった理由のようです。瞑想を重んじる以上、極楽浄土も阿弥陀如来も、わたしたちの心のなかにあるという方向へ傾くのは必然です。ちなみに、一七世紀に、隠元隆琦《いんげんりゅうき》（一五九二～一六七三）によって、明から日本にもたらされた黄檗宗が、この「禅浄一致」をいまも実践しています。

日本の場合

こうして、極楽浄土と阿弥陀如来の実在を主張する善導流は、中国では滅び去ってしまいました。しかし、日本では平安末期に主流派となり、こんにちにいたっています。なぜなら、日本浄土教の方向性を確立した法然（一一三三〜一二一二）が、四三歳のとき、善導の『観経疏』を読んで、まさに回心を体験し、以後は「偏依善導」といって、もっぱら善導流を採用したからです。

そのころ、浄土信仰はひじょうに盛んになっていましたが、善導流はまだごく少数派にとどまっていたようです。法然が学んだ比叡山の天台教学では、「唯心浄土、己心の弥陀」が正統とみなされていたからです。善導流の念仏を実践していたのは、京都の西山の広谷に庵をむすんでいた遊蓮房円照（一一三九〜一一七七）くらいだったと伝えられます。なお、円照は、平治の乱で非業の最期を遂げた藤原通憲（信西）の子息です。

法然が後世にあたえた影響力は絶大でした。したがって日本浄土教は、極楽浄土も実在すれば、阿弥陀如来も実在する、とみなす人々が主流派を占めることになりました。

ただし、その当時は、ひとくちに日本浄土教といっても、内実はさまざまでした。たとえば、真言宗の改革をくわだて、新義真言宗の祖となった覚鑁《かくばん》（一〇九五〜一一四四）は、真言密教と浄土信仰の融合をはかりました。阿弥陀如来を、真言密教が究極の仏としてあがめる大日如来の「別徳」、わかりやすく表現するなら、浄土往生に特化した個別ヴァージョンに位置づけ、

「弥陀即大日」を主張したのです。そして、『三界唯心釈』という書物に、「心仏不異なれば我すなはち弥陀なり　依正無二なれば　意これ極楽なり」と書きのこしています。これもまた、典型的な「唯心浄土、己心の弥陀」論です。

法然の弟子となり、やがて浄土真宗の開祖となった親鸞（一一七三〜一二六二）は、法然の教えを受け継ぎつつも、極楽浄土や阿弥陀如来について、さらに詳しくいろいろ論じていて、法然の見解とは必ずしも一致していません。

例をあげましょう。法然の思い描く阿弥陀如来は、すがたかたちある存在で、いわゆる三十二相八十種随形好をすべてそなえています。しかし、親鸞によれば、阿弥陀如来は真理そのものなので、すがたかたちはありません。あえて表現するなら、「不可思議光如来」とか「尽十方無碍光如来」であり、さきほどすでに述べたとおり、『尊号真像銘文』という著書では、「この如来は光明なり」と述べています。つまり、法然に比べると、親鸞の見解は抽象性が高いのです。

極楽浄土についても、同じ傾向があります。法然の思い描く極楽浄土は具体性のある場ですが、親鸞の思い描く極楽浄土はそうではありません。悟りを開いた如来だけにしか知りえない対象なので、わたしたちのように、まだ悟りを開いていない凡人には想像もできないといいます。親鸞の言葉をそのままつかえば、「不可説」で「難思」なのです。

ただし、そうはいっても、極楽浄土や阿弥陀如来が、どのようなすがたかたちかは別として、どこかに実在することを親鸞は疑っていなかったはずです。そうでなければ、親鸞を開祖とする浄土真宗が、あれほど多くの人々の心をとらえられたわけはありません。「唯心浄土、己心の弥陀」が、大乗仏教の「空」の理論から見ていくら正しくても、布教の現場ではとても通用しません。

このように法然以来、明治維新にいたるころまでずっと、極楽浄土も阿弥陀如来もどこかに実在するという考え方が、禅宗などをのぞけば、日本の浄土信仰の主流だったことに疑問の余地はありません。とくに、庶民信仰の次元では圧倒的でした。

ところが、明治以降の近代化の過程で浄土真宗に大きな転機がおとずれました。「唯心浄土、己心の弥陀」に近い考え方があたまをもたげてきたのです。今度は「空」の理論からではありません。欧米のキリスト教信仰や哲学思想の影響をうけ、信仰の内面化という要素が提起され、その結果、極楽浄土や阿弥陀如来は、どこか外に実在するのではなく、わたしたちの心のなかにあるという教義がはぐくまれたのです。

近代化にともなう信仰の内面化は、どの宗教でも宗派でも避けては通れない関門です。その点において、あまたの仏菩薩を否定して、ひたすら阿弥陀如来のみをあがめる浄土信仰は、もともと純粋性をもとめる傾向が高いだけに、ほかのタイプの信仰にも増して、より強く内面化にかたむいたようです。

また、内面化は信仰対象がどこか外に実在することを否定しますから、「空」の理論とも、あるいはさらにさかのぼって諸行無常を説くブッダの教えとも、整合性がとりやすいという面があります。これは、仏教の近代化をはかる知識人にとっては、ひじょうに魅力的でした。

浄土真宗の場合、西洋哲学を本格的に学んだ清沢満之（一八六三〜一九〇三）は、信仰の内面化と非神話化をおしすすめました。その当然の帰結として、極楽浄土も阿弥陀如来も、どこか外に実在するのではなく、わたしたちの内面において出会うべき存在とみなされることになります。もっとも、こういう清沢満之の考え方には反発も多く、対応は分かれました。

現状では、清沢満之の影響が大きい真宗大谷派（東本願寺）は、内面化のすすみぐあいが高いようです。それにたいし、浄土真宗本願寺派（西本願寺）は、真宗大谷派ほどに内面化がすすんでいない、あるいは内面化にブレーキをかけているように見うけられます。もちろん、これはどちらが良いとか悪いとかという問題ではありません。

とても大切な点は、信仰は哲学でも思想でもないということです。したがって、信仰にとって内面化が必然としても、内面化がすすめばすすむほどよいというほど、単純ではありません。理由は何回も指摘したとおり、内面化がすすめばすすむほど、信仰対象からリアリティがどんどん失われていってしまうからです。これは信仰にとって致命的な事態です。

それをおもうと、浄土信仰において極楽浄土と阿弥陀如来の存在をどう位置づけるべきか、という課題は、今後もながく問われていくにちがいありません。

『般若心経』

『般若心経』はまちがいなく日本でいちばんよく読まれ、また書き写されている経典です。日蓮宗と浄土真宗をのぞき、すべての宗派でとなえられています。しかし、だからといって、わかりやすいわけと思ったらおおまちがいです。むしろ、そのまったく逆に、難解の極みといってよいでしょう。

なぜなら、『般若心経』は、「空」にかんするキャッチコピーの羅列に終始しているからです。別の表現をするなら、「空」の骨だけが語られているにすぎず、肉がぜんぜん付けられていないのです。

ですから、「わたしは『般若心経』を完全に理解している」と断言する人がいるとしても、失礼ながら、たいがいはまるでわかっていないか、自分勝手にあやまった解釈をしているか、あるいはそうとう無理をしている可能性が、はなはだ大です。

最近とくに多い例は、『般若心経』と科学の一致を、世紀の大発見にあるかのごとく、これ見よがしに説くタイプです。わたしのところへも、そういうタイプの著作が送られてきます。

いただいた以上はいちおう目を通しますが、科学もわかっていなければ、『般若心経』もわかっていないものがほとんどで、その惨状は目をおおうばかりです。

日本の仏教史をふりかえってみると、弘法大師空海や臨済禅の白隠慧鶴（一六八六～一七六九）のように、『般若心経』に独自の、しかも深い理解をしめした人物がいないわけではありません。しかし、『般若心経』に日本人が期待してきたのは、おおむね呪術的な機能でした。つまり、『般若心経』をとなえれば、なんらかの現世利益を得られると信じて、この経典をあがめたてまつってきたのです。

また、日本の神々は、『般若心経』の読誦をことのほか喜ぶとされ、神前で盛んにとなえられてきました。ようするに、神道の祝詞にあたるもので、「御法楽」といいます。

考えようによっては、『般若心経』は、末尾にあかされる「羯諦羯諦《ギャテーギャテー》……」という呪文のみならず、経典全体が聖なる呪文でもあるのです。呪文にとって重要なのはもっぱら発音であって、原則として意味は問われません。したがって、『般若心経』がいったい何を語っているか、はわからなくても、かまわないのです。

この点は、字が読めない人のために制作された「絵心経」を見ると納得できます。たとえば、「般若」は般若面、「波羅蜜」は妊娠中の女性の体、「多」は田んぼの絵で表現されています。これでは意味のとりようがありません。でも、呪文と考えれば、とにかくとなえさえすればよいのです。それ以上は、求められていないのです。

とはいっても、現代人のわたしたちとしては、『般若心経』の意味がわからないでは通りません。そこで、以下では、可能なかぎり正確に『般若心経』の意味をお伝えしようとおもいます。ここでいう「正確に」とは、そもそも成立当初の『般若心経』が何を語ろうとしていたのか、そして歴史の変遷のなかで『般若心経』の解釈がどのように変遷してきたのかを事実に即して語る、というほどの意味にとっていただければ幸いです。

『般若心経』の成立

『般若心経』は四世紀前半ころに成立しました。『法華経』や『無量寿経』に代表される初期大乗仏典に比べるとだいぶ遅く、中期大乗仏典に属しています。四世紀といえば、大乗仏教のなかから密教が誕生してくる時期にあたります。この歴史的な事実と、末尾に聖なる呪文を説くことを論拠に、『般若心経』を初期の密教経典とみなす説もあります。

『般若心経』は、全部まとめて般若経とよばれるグループに属しています。グループとよばれるくらいですから、その数は膨大で、「○○般若経」というタイトルの経典が、ごく短いタイプから、長大なタイプまで、たくさんあります。

膨大な数の般若経のなかで、いちばん早く成立したのが『八千頌般若経』、いちばん遅く成立したのが『般若理趣経』です。『八千頌般若経』の成立が紀元前一～紀元後一世紀、『般若理趣経』の成立が七世紀ですから、数百年以上にもわたり、般若経は延々と編纂されつづけていったことになります。こういう事実は、ほかの仏典では見られません。それだけ、般若経がもつ意味は重かったのです。

『八千頌般若経』は般若経のなかでいちばん早く成立しただけでなく、ありとあらゆる大乗仏典のなかでもいちばん早く成立しています。また、後世への影響力も絶大で、この点では『法華経』や『無量寿経』はとてもかないません。

『八千頌般若経』の「頌」は、三二音節を意味します。したがって、「八千頌」は、三二音節を一行として、全部で八〇〇〇行あることをしめしています。このように般若経グループでは、経典のタイトルを、全部で何行あるかで、いたって機械的というか数学的というか、すこぶるドライに表現しています。

この『八千頌般若経』は般若経グループのなかでは中規模で、現代語訳すると単行本で二冊くらいの量になります。最大級の『大般若経』になると、漢訳本でなんと六〇〇巻もあります。『八千頌般若経』が一〇巻ですので、その六〇倍になります。もちろん、現代語訳なんて誰もしていませんが、仮に現代語訳したとすれば、単行本にして一二〇冊くらいになるはずです。たぶん、一生かかっても読みきれないでしょう。

それにたいし、いちばん短いのが『般若心経』です。タイトルを勘定に入れるか入れないか、あるいはタイトルの冒頭にある「仏説」という二文字を入れるか入れないかなど、いろいろな事情で文字数は変わりますが、いずれにせよわずか二六六〜二七八文字しかありません。

細かいことをいうと、『般若心経』には、小本と大本の二種類があって、日本で流通しているのはもっぱら小本です。大本は、小本にプラスして、この経が説かれた状況などをやや具体的に説明しているだけで、中核の部分は変わりません。

日本でつかわれてきた『般若心経』は、唐時代の高僧として有名な玄奘が、原語のサンスクリット（梵語）から漢文に翻訳したヴァージョンです。玄奘訳のほかにも漢訳本はいろいろあります。いちばん最初の翻訳は、『法華経』を翻訳した鳩摩羅什によっておこなわれ、いちばん最後の翻訳は、北宋時代にインドから中国にやって来た施護《せご》（一〇世紀末〜一一世紀初）という密教僧によっておこなわれました。この事実を見ても、『般若心経』がいかに人気があったか、よくわかります。

ただし後世、広く流布したのはもっぱら玄奘訳のみで、他はまったくといっていいほどかえりみられませんでした。その証拠に、『般若心経』にたいして中国では、なんと五〇種以上もの注釈書が書かれましたが、そのすべてが玄奘訳を対象にしているのです。それくらい、玄奘訳の完成度が高いということです。

「空」とは何か

『般若心経』は、「空」を説く前半部分と、聖なる呪文の功徳を説く後半部分から構成されています。全体としては、末尾に提示される聖なる呪文を、般若母《はんにゃも》（プラジュニャー・パーラミター）とよばれる女神にむかってとなえることで悟りが得られる、という内容ですが、関心の多くは「空」を説く前半部分に集中しています。

ありとあらゆる仏教関連の文言で、「色即是空《しきそくぜくう》」くらいよく知られた例はないでしょう。また、大乗仏教が「空」を抜きに語れないことも、あきらかな事実です。

しかし、ブッダの悟りが「空」だったとはいえません。少なくとも、初期仏教では強調されていません。「空」に言及する原始仏典・初期仏典がまったくないわけではありませんが、きわめて少数ですし、そこで言及される「空」の意味も、『般若心経』の「空」とぴったり重なりません。

「空」こそブッダの悟りにほかならない、と主張されるようになるのは、ブッダの入滅から四〇〇年ほどして登場した大乗仏教の段階になってからです。いいかえると、『八千頌般若経』をはじめとする般若経グループが登場してからの後のことです。

そして、その般若経典にもとづいて、「第二のブッダ」ともたたえられる龍樹（ナーガールジユナ（一五〇？～二五〇？）という人物が、「空」の意味を徹底的に追求し、大乗仏教の基礎理論をきずきあげたのです。以来、「空」は他を圧して、かけがえのない価値をもつことになりました。

龍樹が「空」というとき、それは文字どおり「からっぽ」を意味していました。空室や空き地というときの「空」です。

龍樹にいわせれば、この世の森羅万象は互いにかかわり合うことによってのみ成立している。だから、有でもなければ、無でもない。永遠不変の実体をもたず、つねに変転して止まない。つまり、無常なのだ。ところが人間はそれに執着してしまう。そこに、迷いの根本原因がある。したがって、悟りを得たいのであれば、なにをおいても、まず最初にこの世の森羅万象が「空」なることを認識すべきだ……。これこそが、ブッダが見出した最高真理であり、悟りへ至る唯一絶対の道にほかならない。そう、龍樹は主張したのです。

「空」と「0」と「無」

じつは、数字の「0」と「空」は、まったく同じ意味です。その証拠に、インドの言葉では、「0」も「空」も「シューニヤ」と同じ発音をします。

すでにご存じかもしれませんが、「0」という数を発見したのは古代インド人でした。これは、『0』の発見」という表現でよく語られ、数学史上の、いやそれどころか、人類史上の一大快挙とされています。

ただし、「0」と「空」の、どちらが先に発見されたか、はわかっていません。とはいえ、両者のあいだに、深いかかわりがあったことは、疑いようがありません。

厳密にいえば、古代メソポタミア文明では六〇進法を使っていたこともあって、位取りをするための記号として、「0」に相当する記号をもっていました。しかし、それはあくまで位取りをするための記号にすぎず、「0」のように数字として扱われてはいませんでしたし、「0」のような深い意味もありませんでした。

「0」という数字は、何もないことをあらわしている。しかし、「0」という数字そのものは、たしかにあります。数字のかたちで目に見えるし、書けもします。つまり、ないことをあらわすものがある。これは、論理的にはつじつまが合いません。

しかし、それは、この世の森羅万象についてもまったくそのとおりなのだ。人はみな、ないものをあたかもあるかのように受けとってしまい、迷いに迷う、というのがブッダの教えである。そう、龍樹は考えたのです。

「空」の原語にあたるシューニヤは、すでにふれたとおり、もともと「からっぽ」という意味です。さらに詳しくいうと、中が「空」っぽなまま、風船のように「膨れる」という意味でもあります。ようするに、中身がないことを意味しています。

こういうと、必ずといってよいくらい出てくるのが、「空」と「無」は、どこがどう違うのか、という質問です。これはかなり難問です。

「無」は、とにかく「何かがない」ことを意味しています。それにたいして、「空」は、「あるべきものがない」もしくは「あるはずのものがない」ことを意味しています。わかりやすい例をあげれば、酒瓶はあるのに、酒が入っていない状態、つまり容器はあるのに中身がない状態が、「空」なのです。

さらに、中身だけではなくて、容器そのものがあるのかないのか、はっきりしない場合も、「空」という言葉がつかわれます。なぜでしょうか。この世の森羅万象は、あるのかないのかわからないくらい、薄っぺらな容器にすぎないからです。

たとえていうなら、この世の森羅万象は、私たちがゴミ出しのときに使う半透明のゴミ袋みたいなものにすぎません。これは立川武蔵先生が「空」の説明によく持ち出されるたとえですが、もちろん中身は入っていません。それなのに、人はみな、この世の森羅万象は確実にあって、中身もしっかり入っていると信じてやまない。そこに迷いの根源があるというわけです。

正確に現代語訳すると

ここでわたしが『般若心経』を現代語訳したものを紹介します。できるかぎり正確を期したので、ほかの訳に比べると、ややしつこい感じがするかもしれませんが、そのかわり、誤解はされにくいとおもいます。

摩訶般若波羅蜜多（大いなる智恵の完成、大いなる智恵という完成）の心

深遠なる般若波羅蜜多という道を実践していた観自在菩薩が、この世を構成している五種類の要素はすべて実体を欠いていると見抜いて、ありとあらゆる苦しみを克服しました。

［観自在菩薩はこう説きました。］

シャーリプトラさん。色形あるものは実体を欠いているものと異ならず、実体を欠いているものは色形あるものと異ならないのです。

色形あるものは実体を欠いているものであり、実体を欠いているものは色形あるものなのです。外界を認識する前に生じるごく原初的な感覚も、外界を正しく認識する直前に生じる想念も、外界を認識するときに影響をあたえがちな習慣性も、外界を認識することそのもの

も、みな同じです。

シャーリプトラさん。この世のありとあらゆる存在は実体を欠いていて、生じることもなく、滅することもなく、汚れることもなく、浄らかなこともなく、増えることもなく、減ることもないのです。

したがって、実体を欠いているものの中には、色形あるものもなく、外界を認識する前に生じるごく原初的な感覚もなく、外界を正しく認識する直前に生じる想念もなく、外界を認識するときに影響をあたえがちな習慣性もなく、外界を認識することそのものもないのです。

視覚の器官もなく、聴覚の器官もなく、嗅覚の器官もなく、味覚の器官もなく、触覚の器官もなく、知覚の器官もないのです。

視覚の対象もなく、聴覚の対象もなく、嗅覚の対象もなく、味覚の対象もなく、触覚の対象もなく、知覚の対象もないのです。

視覚の認識もなく、聴覚の認識もなく、嗅覚の認識もなく、味覚の認識もなく、触覚の認識もなく、知覚の認識もないのです。

迷いもなければ、また迷いの尽きることもないのです。

老いもなければ死もなく、また老いが尽きることもなければ死が尽きることもないのです。

この世のすべては苦であるという真理もなく、苦の原因が執着であるという真理もなく、執着を滅すれば悟りがあるという真理もなく、悟りに至る道があるという真理もないのです。智恵もなければ、悟りもないのです。

悟りがないからこそ、悟りを求める者は般若波羅蜜多という道を実践して、心を覆われることがないのです。心を覆われることがないからこそ、恐怖がなく、あやまった心を離れて、悟りの境地に到達しているのです。

過去・現在・未来のすべてのホトケたちも、般若波羅蜜多という道を実践して、最高の正しい悟りの境地を得られたのです。

したがって、こう知らなければなりません。般若波羅蜜多は、大いなる神秘の真言であり、大いなる智の真言であり、最高の真言であり、比べるものがない真言である。ありとあらゆる苦しみを克服し、真実にして偽りがない真言である、とです。

だからこそ、般若波羅蜜多の真言が説かれているのです。

すなわち、般若波羅蜜多の真言とは、こういうのです。

行った者よ。行った者よ。

悟りの世界へ行った者よ。悟りの世界へ完全に行き着いた者よ。

悟りよ。

幸いあれ、と。

これで、般若波羅蜜多の心を説き終えます。

言語構造という関門

摩訶般若波羅蜜多というタイトルは、「大いなる智恵の完成」とも「大いなる智恵という完成」とも訳せます。これもこれで大問題で、智恵を完成させるのと、智恵という完成では、まるで意味がちがいますが、真意はどちらとも、結論がまだ出ていません。

また、「色《しき》」の訳語にあたる「色形あるもの」は、もっとわかりやすくいえば、物質的な存在です。「色」が物質的な存在なら、「受《じゅ》・想《そう》・行《ぎょう》・識《しき》」は精神的な事象です。「受・想・行・識」のうち、「受」は「外界を認識する前に生じるごく原初的な感覚」、「想」は「外界を正しく認識する直前に生じる想念」、「行」は「外界を認識するときに影響をあたえがちな習慣性」、「識」は「外界を認識することそのもの」を、おのおの意味しています。

つまり、インドの仏教徒たちは、外界にある何かを認識するのに四つの段階をふむと考えたのです。日本人はこんな面倒なことを思いつきもしませんが、古代インド人はとかく分析的な思考を重んじる傾向があって、ああだ、こうだとうるさいのです。

その背景には、インドと日本の言葉の違いがあるようです。日本語は、たとえていうなら、個々の単語が横方向に数珠つなぎになっているようなタイプです。ところが、インドの言葉、この場合はサンスクリット（梵語）は、いちばん下にベースがあって、その上に単語が立体的に乗っていくようなタイプです。別のたとえをつかうなら、日本語は、文字どおり数珠タイプですが、サンスクリットは積み木タイプです。こういう言語構造の違いは、ものの考え方に大きく影響しているらしく、インド人の発想のほうが日本人の発想よりもずっと構築的な傾向にあります。

また、同じ理由から、サンスクリットは論理を展開するのに便利にできています。しかし、日本語はそうはいきません。

言語の論理性は、ひじょうに大きな問題です。なぜなら、古代文明において、論理学はインドとギリシアにしか生まれなかったからです。もっとも、インドの論理学はアリストテレスに代表されるギリシアゆらいの論理学に比べると、同一の概念にときとして複数の意味をになわせてしまうなど、かなり不備な点が多く、詭弁じみたところがありますが、それでも論理学があるとないのとでは、哲学や思想の発展に大きな差が生じるのは理の当然です。

この点でいうと、中国語（漢文）は最悪です。インド仏教ではきわめて重要な位置を占めていた論理学は、中国仏教にもたらされたものの、発展どころか、その存在すら危うくなり、ついには歴史のかなたに消え去ってしまいました。
数多くのサンスクリット原典を日本語訳された長尾雅人先生は、こう述べています。「インドから中国に行く過程において、いわゆる認識の問題とか、存在の問題とか、そういう精密な論理がほとんど落ちてしまうのではないかと思います。それは一つには、漢文という言語の構造が精密な論理をうまく表現できるかどうか、名詞か動詞か、さっぱりわからないというようなところがありますから」(『世界の名著・大乗仏典』付録22、中央公論社)。同じく、長尾先生によれば、論理という領域では日本語のほうが中国語よりはまだましとはいえ、語彙の乏しさを痛切に感じたそうです。

いずれにせよ、緻密に一歩一歩、思考を深めていくことは、中国人にとって得意ではありませんでした。このことは、中国仏教が「即」を多用して、「煩悩即菩提」とか「一即多」みたいに、矛盾する関係にあるもの同士を、まったく無媒介にくっつけてしまう傾向が強いこととかかわっています。さらに、インド仏教では「漸悟」といって、一歩一歩、段階的に悟りに向かっていくのが常道なのにたいし、中国仏教では「頓悟」といって、条件さえととのえば、一気に悟りにいたれるとみなされがちなのも、同じ理由のようです。

なお、『般若心経』の「色即是空」という表現は、たしかにサンスクリット原典にあるのですが、インド仏教全体から見れば、かなり特殊な用例です。それにつづく「空即是色」もサンスクリット原典にありますが、こちらのほうは例外中の例外で、むしろ禁句に近かったようです。この点からすると、『般若心経』そのものも、インド仏教としてはそうとうに特殊な経典と考えたほうが正しいかもしれません。

中国や日本で『般若心経』がさまざまな解釈を生んできた原因も、ひとつにはこういう中国語や日本語の言語構造にありました。まさに言語構造こそ、超えがたい関門だったのです。

逆転する「空」解釈

龍樹は独特の論理を駆使して、この世には神も世界も、いまこの問題を論じているわたしすらも、ほんとうは実在していないことを論証しようとしました。森羅万象は、わたしという迷妄が生みだした虚像にすぎず、ありもしない対象に執着するがゆえに、迷いつづけ、悟りを得られないのだと龍樹は主張したのです。

しかし、龍樹の論法はあまりに激烈で、余人にはなかなか理解できませんでした。そこで、論法を少しゆるめ、「空」を、あらゆる事物は現象としては存在するが、実在はしていないことを意味している、と解釈するようになったのです。

やがて、「空」をもっと有の方向にふって解釈する方向性がめばえてきます。現実世界は不完全ながらも実在するとみなすことで、人間のいとなみに価値をみとめようとする立場の登場です。現実否定の路線から、現実肯定の路線への転換といってもかまいません。

こうなると、『般若心経』の金看板ともいうべき「色即是空」の解釈も、大きく変わらざるをえません。「色形あるものは、あるがままに真実である」という結論にたどりつきます。この立場では、「空」はもはや「真理」という言葉と、ほとんど同義です。ですから、「空」と名づけられた真理が、そこに実在していると考えることもできます。

このタイプの「空」解釈は、インド大乗仏教やチベット仏教では、正統派の支持は得られず、異端的な立場にとどまりました。しかし、中国から東の、いわゆる東アジアの仏教界では、むしろ主流派をかたちづくりました。なぜなら、東アジアでは現実世界が実在していないとみなす考え方が皆無に近かったからです。

日本仏教もその流れを汲み、さらに徹底しました。「森羅万象はあるがままに真実。真理の完璧な顕現」という「空」解釈は、日本人が仏教を受容する前提となったアニミズム、すなわち森羅万象には霊魂が宿っているとみなす発想とも、とても相性がよかったからでもあります。空海をはじめ日本仏教の教理はおおむね、この「空」解釈に沿って構築されました。

その結果、日本仏教では他には見られないような独自の展開が生まれました。『法華経』の根本原理の一つとされる「諸法実相」、すなわち「もろもろの存在は、あるがままに真実の相である」という考え方と、「空」の日本的解釈とが、もののみごとに一致してしまったのです。

インド仏教において、『法華経』の「諸法実相」と、『般若心経』の「色即是空」とは正反対の方向性だったはずです。ところが日本では、対抗原理どころか、互いに手をたずさえて同一路線をあゆむことになったのです。

祖師たちは文脈無視?

現代の国語教育では、文中の言葉や単語は、文脈に沿って解釈しなさいと教えます。いいかえれば、文中の言葉や単語にたいし、文脈を無視して、自分勝手な解釈をしてはいけませんというのが、国語教育の原則になっています。

もし仮に、この原則を日本仏教の祖師たちがおこなってきた経典解釈に適用すると、ほとんどは失格です。国語の試験は確実に落第点でしょう。なぜなら、祖師たちはまず例外なく、特定の言葉や単語を文脈から切りはなして、勝手にといって悪ければ、独自に解釈しているからです。なかには、漢文で書かれた経典の文章を、文法をまったくかえりみず、一連の成句をずたずたに切りはなして、本来ありえないような奇妙な読み方をしている例さえあります。

ところが、そういう無理な解釈や読み方をすることによって、まったく新しい地平を切り開くことに成功している場合が多々あるのです。そして、それが祖師の祖師たるゆえんにもなっているのです。

浄土真宗の祖師、親鸞の事例を見てみましょう。つぎにあげる事例は、中国浄土教を大成したとされる善導の『観無量寿経疏《かんむりょうじゅきょうしょ》』に出てくる「不得外現賢善精進之相内懐虚仮」という文章を、親鸞がどう読み解いたか、です。

この文章は、文脈に沿って読めば、いいかえれば著者の善導の意図では、「外に賢善精進の相を現じて、内に虚仮《こけ》を懐くことを得ざれ」と読まなければなりません。すなわち、「外見だけ賢人ぶったり善人ぶったりしても、内面が虚仮（よこしま）であってはなりません。つまり、外面と内面を一致させるようにつとめなさい」と主張したのです。

ところが、親鸞は著書の『唯信抄文意』ではそう読まず、「露骨に賢人ぶったすがたや善人ぶったすがたを見せてはなりません。なぜなら、それは内懐虚仮の原因になるからです」と解釈したのです。これは善導の意図とあきらかに異なります。

しかし、善導の主張が一般的な常識論を出なかったのにたいし、親鸞の解釈が、新たな地平をひらいたことは事実です。それはこういうことです。

親鸞の認識では、人間の本性は「悪」でした。その「悪」を、人間はいかんともしがたいという認識もありました。だから、念仏するときも、善人面して念仏するのではなく、悪人は悪人のまま念仏するのがよいと考えるにいたったのです。もし、そうしないと、まさに内懐虚仮になってしまう。そう、親鸞は説いたのです。

念仏とは何か?

親鸞の師にあたる法然の経典解釈も注目にあたいします。以下に引用する事例では、法然は文脈中に出てくる単語を、本来の意味を完全に無視し、まったく異なった意味に解釈することによって、みずからの主張をきずきあげています。

阿弥陀如来を信仰し、死後に極楽浄土へ往生することを願う浄土信仰にとって、もっとも重要な経文は、『無量寿経』に登場する「四十八願」です。なかでも法然は「第十八願」を最重要の願とみなし、尊重しました。

しかし、法然以前の教学では、「第十八願」は必ずしも最重要の願とはみなされていませんでした。いま、わたしたちが『無量寿経』を虚心坦懐に読んでみても、「第十八願」が「四十八願」のなかで格別の地位にあるとはおもえません。ようするに、「第十八願」が最重要の願とみなされる根拠は、じつはないのです。いいかえれば、あくまで法然の独断にすぎません。

しかも、法然は、「第十八願」に登場する特定の単語に、前例を無視して、特別な意味をあたえたのです。

「第十八願」は、原文の漢文を読みくだすと以下のような文章になります。

たとい、われ仏になるをえんとき、十方の衆生、至心に信業して、わが国に生まれんと欲して、乃至十念せん。もし、生まれずんば、正覚を取らじ。ただ、五逆と正法を誹謗するものを除かん。

わたしが悟りを開いて如来になれるときがきたとしても、全宇宙の生きとし生けるもののすべてが、心の底から、わたしの仏国土である極楽浄土へ往生したいと願って、「十念」し、にもかかわらず往生できないのであれば、わたしは如来にはなりません。ただし、五つの大罪を犯した者と正法をそしった者は、救いの対象からはずされます。

ここで問題になるのは「十念」という単語です。「念」という漢字は、漢和辞典をひもとけばわかるとおり、「おもう」もしくは「おもいつづける」という意味です（白川静『字統』平凡社）。したがって、「十念せん」は「浄土に往生したいと十回おもう」になります。「第十八願」の意味は、「極楽へ往生したいと一〇回おもえば、往生できる」と解釈するのが妥当です。

なお、この場合、「おもう」は、ただ漠然とものおもいにふけるという意味ではありません。瞑想することを指しています。つまり、意識を集中して、阿弥陀如来を心のなかに、ありありと想い描くことなのです。となると、長きにわたる修練が必要になり、だれでもできるとはとてもいえません。

ところが、法然はこの「十念」を「一〇回、念仏する」と解釈しました。『十二問答』という著書に「念仏すべき也」としるしています。つまり、「南無阿弥陀仏」と一〇回、称えさえすばよい、と解釈したのです。そして、そうすれば極楽へ往生できるという説を主張したのです。これなら、だれでもできます。

「十念」を「一〇回、念仏する」と解釈するのは、原文の意図からすれば、あきらかにまちがっています。しかし、そう解釈することで、念仏という、だれでもできる行為によって、阿弥陀如来の救いにあずかれる教えが誕生し、やがて日本仏教に巨大な足跡をのこしたのです。もし仮に、法然が「十念」を字義どおりに解釈していたら、日本の浄土教はまずまちがいなく発展しなかったでしょう。親鸞も一遍も活躍できなかったにちがいありません。

空海の『般若心経』解釈

つぎの事例は、空海による『般若心経』の解釈です。『般若心経』について、空海は『般若心経秘鍵』という書物で、くわしく解説しています。じつは、この書物には空海の真作説と偽作説の両方があって、いまだに決着していません。ここでは真作説に立って話を進めます。

先に紹介したように、『般若心経』はわずか二七〇字ほどしかない短い経典です。にもかかわらず、空海はさまざまな方向から、手を変え品を変えて、ことこまかに論じます。それをいちいちとりあげていると、紙幅を喰うばかりなので、以下では第二章の第一節から第二節の部分をえらんで紹介します。この部分をえらんだ理由は、空海を開祖とする真言密教の発想がもっともよくあらわれているからです。

第二章の第一節で、空海はまず『般若心経』をつぎの五つの部分に分けます。

①観自在菩薩〜度一切苦厄↓人と法（真理）を総体的に説きあかす部分
②色不異空〜無所得故↓いろいろな宗派による解釈を説く部分
③菩提薩埵〜三藐三菩提↓修行の功徳を説く部分
④故知般若波羅蜜多〜真実不虚↓すべてが真言に帰することを説く部分
⑤羯諦羯諦〜薩婆訶↓秘密の真言を説く部分

このうち、いちばんおもしろいのは②で、第二節「分別諸乗分」というタイトルが付いています。どこがおもしろいのかというと、空海はこの部分をさらに五つに分けて、それぞれを特定の菩薩ならびに宗派の教えになぞらえているところです。こういう分析は空海がもっとも得意とした方法で、主著とされる『秘密曼荼羅十住心論』でも同じことを、もっと大規模かつ徹底的にこころみています。

①色不異空～亦復如是↓普賢菩薩の悟りの教え↓現象界＝本体界という真理↓華厳宗の教え

②是諸法空相～不増不減↓文殊菩薩の悟りの教え↓中観の教え＝執着の心を絶つ↓三論宗の教え

③是故空中無色～無意識界↓弥勒菩薩の悟りの教え↓唯識の教え＝外界は存在しないという教え↓法相宗の教え

④無無明～無老死尽↓独自に悟る者の精神統一の境地↓小乗（声聞・縁覚）の教え

⑤無智～無所得故↓観自在菩薩の教え↓理性と智恵が融合する境地↓天台宗の教え

このように、なんでも五つに分けるという発想は、真言密教において究極の仏としてあがめられる大日如来と、大日如来の機能をそれぞれになう四人の如来を合計した五如来から来ています。すなわち、真言密教にとって聖なる数である「五」を、『般若心経』を解釈する際にも適用したというわけです。

はっきりいって、空海の『般若心経』解釈は強引です。なぜなら、『般若心経』をすなおに読んで、その内容を解釈するのではなく、最初からなにがなんでも「五」という数を基軸にして、真言密教の理論に沿うように解釈しているからです。ようするに、はじめに結論ありき、なのです。虚心坦懐に向き合うという姿勢は、どこにも見られません。

しかし、こういう論法こそが歴代の祖師たちが採用してきた論法なのであって、なにも空海だけがこうなのではありません。その点はキリスト教の神学でも同じで、第三者から見れば、ずいぶん自分勝手な解釈が横行してきました。

神秘体験

法然が心を込めて念仏すれば極楽往生できると確信した件にかんしては、興味深い事実もあります。弟子の親鸞が書写したとされる『西方指南抄』という書物に、こういう話が書かれているのです。法然が夢のなかで、「腰より上は墨染にて腰より下は金色」の善導に出会い、念仏に徹する専修《せんじゅ》念仏を法然がひろめることは、はなはだ貴い行為だ、とさとされ、自分の主張が正しいと確信できたという話です。夢のなかの出来事によって、自説の正当性を確認できたといわれても、現代人には理解できないかもしれませんが、古代や中世ではこれで十分な説得力が得られたのです。

ちなみに、法然は「偏依《へんね》善導」といって、ひたすら善導の教えを尊重しましたが、その背景には、善導は阿弥陀如来の化身だという伝承を信じていた点が指摘できます。現に、主著の

『選択本願念仏集』の末尾に、こう書いています。

「自分は毎夜、夢のなかで僧（善導大師）に会い、その僧から極楽往生の秘訣を教わりました。その僧、つまり善導大師はおそらく阿弥陀如来の化身だったとおもわれます。とすれば、その僧が書いた『観無量寿経』の注釈書は、阿弥陀如来から直接、伝えられた教えのはずです」

実在の人物だった善導を阿弥陀如来の化身と信じ、それを根拠にして、善導の書いた注釈書を阿弥陀如来からの直接の教えとみなすことは、現代人にはいくらなんでも無理でしょう。しかし、法然が生きていた時代では、十分以上に説得力があったのです。

この事例のように、自分の神秘体験を絶対視して、それを根拠にその後の行動を決定するという発想は、空海にも見られます。空海が唐への留学を決心した理由は、二〇歳代の前半に、四国の霊場で修行にはげんでいたときに体験した神秘と深いかかわりがあるのではないか、との指摘があります。

これまでは、空海の唐留学の理由は、真言密教をきわめるためと考えられてきました。ところが、最近、高野山大学の武内孝善先生が、四国で修行中に体験した、口のなかに明けの明星が飛び込むという神秘こそ、空海に唐への留学を決意させたほんとうの理由だったのではないか、という説を提唱したのです。もう少し言葉を添えると、その神秘体験の意味を解き明かしてくれる人材が日本国内では見当たらず、そこで唐への留学を決意したという説です。わたしは十分にありうることだと考えています。

空海や法然がきずきあげた壮大かつ堅固な教えの大建築に向き合うとき、理性や合理性を金科玉条とする現代人は、空海や法然もまた、自分たちと同じように、理性や合理性にもとづいて思索し行動したとおもいこみがちです。しかし、それは現代人の妄想にすぎない可能性が多々あります。

祖師たちの多くは、神秘的な体験をきっかけとして、深い宗教的境地へとつきすすんでいきました。親鸞にしても、六角堂における参籠の際に、聖徳太子の化身とされる救世観音から「法然のところへ行け！」という夢告をうけなければ、その後の展開はなかったのです。もちろん、神秘的な体験はあくまで個人的な体験であって、他人と共有できるものではありません。ですから、後世のわたしたちをふくめ、それが事実か否か、第三者が客観的に確認することは不可能です。

しかし、祖師たちの教えを正しく理解するためには、こういう個人的な神秘体験が秘める意味を、もっと真摯にみきわめる必要があるのではないでしょうか。仏教のみならず、宗教のいちばん根っこのところには、理性や合理性ではとうてい把握できない、いわば闇の領域がわだかまっているのです。

文底秘沈

ここまでとりあげた事例は、文章のなかの特定の単語や言葉をどう解釈するか、という問題でしたが、さらに過激な発想もあります。最高の真理は、文章のなかにあらわに表現されていない、文章の底にひそかに沈められているのだ、という発想です。

これは日蓮宗の開祖、日蓮が『開目抄《かいもくしょう》』という著書で述べているもので、「文底秘沈《もんていひちん》」といいます。以下がその文章です。

一念三千《いちねんさんぜん》の法門は但法華経の本門寿量品の文の底にしづめたり。竜樹天親知つて、しかもいまだひろいいださず。但我が天台智者のみこれをいだけり。

一念三千の教えは、法華経の本門にある如来寿量品の経文の底に秘され沈められているのです。龍樹や世親のような偉大な人物は、そのことを知ってはいましたが、とりだそうとはしませんでした。わたしたち法華経を信仰する者がこぞって尊崇する天台智顗だけが、この一念三千の教えを心にいだいていたのです。

ここで最高の真理とされている「一念三千」とは、わたしたちの一瞬一瞬の心の動きのなかに、大宇宙のありとあらゆる現象が、なにひとつとして欠けることなく、そのままそなわっているという教えです。日蓮が「我が天台智者のみこれをいだけり」と書いている理由は、この教えが『法華経』にもとづいて中国天台宗をきずきあげた智顗《ちぎ》（五三八〜五九七）の独創だったからです。

たしかに、「一念三千」という教えを、天台智顗が主張したことは事実です。かれの主著の一つとされる『摩訶止観《まかしかん》』という書物に、ちゃんと書かれています。理論的にもしっかりしたものです。

しかし、その「一念三千」という教えが、『法華経』の「如来寿量品」の文章の底にひそかに沈められているというのは、あくまで日蓮の独断です。そもそも、智顗は「一念三千」という教えを、同じ『法華経』でも、「如来寿量品」ではなく、「方便品」に登場する「諸法実相」という考え方から導き出しています。

ところが、ここに問題があります。智顗以来、『法華経』は前半部と後半部に分けられ、前半部を「迹門」、後半部を「本門」とよんで、両者のあいだには価値の差があるとみなされていたからです。すなわち、「迹門」は歴史上に実在したブッダが説いた教えと認定されました。それにたいし、「本門」は「久遠実成の本仏」、つまり永遠のブッダが説いた教えとされました。

当然ながら、「本門」のほうが価値が上ということになります。とりわけ、ブッダの永遠性を語る「如来寿量品」の価値は、『法華経』のなかでも突出しています。

となると、「迹門」にある「方便品」に説かれる教えでは、ほんとうの救いは得られないことになります。これでは困ってしまいます。

そこで、日蓮はこう考えました。たしかに、「一念三千」は「方便品」で説かれている。しかし、それはまだ不完全な説き方にすぎない。完全な説き方は、『法華経』のなかでもいちばん大切な「如来寿量品」で説かれなければならない。でも、「如来寿量品」では「一念三千」という文言は見出せない。この矛盾を解決するすべはなにか。常識では無理です。ここは通常の論理を無視して、一気に飛躍するしかありません。

その飛躍の結果、導き出されてきた究極の答えこそ、「文底秘沈」だったのです。現代における日蓮教学の権威、渡辺宝陽・小松邦彰両先生はこの点について、「日蓮は、智顗の『一念三千』の理論を末法の救済論として転換して、『南無妙法蓮華経』の題目を唱えるという修行によって、実践的な末法の凡夫のための成仏の法となると見た」(『日本の仏典9 日蓮 立正安国論・開目抄・勧心本尊抄』筑摩書房)と解説しています。

第6章

日本仏教をもっと知るためのブックガイド

以下は、日本仏教をもっと知りたい方のためのブックガイドです。同時に、本書の参考文献リストも兼ねています。

ここにあげた書籍は、最新の研究動向を知っていただきたいという理由から、基本的に最近、出版されたものがほとんどです。ただし、現代語訳経典については、いったん翻訳されると再び翻訳されることはあまりないので、その限りではありません。

また、書店の店頭やインターネット書店などで入手しやすい単行本、選書、新書を中心に選びました。いわゆる専門書のたぐいは避けましたが、ひじょうに重要とおもわれる書籍で、しかも大きな図書館なら借りられそうなものは＊を付けて、リストに入れました。

全体像

高崎直道〔監修〕、桂紹隆・斎藤明・下田正弘・末木文美士〔編〕『シリーズ大乗仏教』全一〇巻、春秋社

下田正弘・奈良康明・石井公成・沖本克己・末木文美士〔編〕『新アジア仏教史』全一五巻、

校正出版社

立川武蔵・頼富本宏〔編〕『シリーズ密教』全四巻、春秋社

現時点における最新の学問的成果を学びたいのであれば、この三種のシリーズは欠かせません。内容は専門論文に近く、まったく予備知識なしではどうかとおもいますが、努力して読むだけの価値は十分にあります。

グレゴリー・ショペン〔著〕、小谷信千代〔訳〕『大乗仏教興起時代 インドの僧院生活』春秋社

近年の大乗仏教誕生をめぐる論争に火を点けた著作です。ショペンは四世紀まで大乗仏典は制作されても、大乗教団は存在しなかったことを、文献にとどまらず、考古学的な資料などを動員して論証します。現在は入手困難ですが、ぜひ読んでおきたい一作です。

＊佐々木閑『インド仏教変移論―なぜ仏教は多様化したのか』大蔵出版

近年の仏教学でリーダーシップをとる気鋭の研究者による著作です。「大乗仏教は、出家者僧団ではなく、仏塔を拠点とする在俗の人々によって始められた」という平川彰説を否定し、「大乗仏教は、部派仏教の延長線上に現れた、出家者僧団の宗教であった」と主張しています。

立川武蔵『空の思想史』講談社

大乗仏教の根幹的な思想というべき「空」をとおして、インドから中国、日本の仏教を広くかつ深く考察します。近年書かれた仏教書としては、希有な名著といってよく、必読書の筆頭です。

正木 晃『お坊さんのための「仏教入門」』春秋社

正木 晃『お坊さんなら知っておきたい「説法入門」』春秋社

この二つの著作は、最新の仏教学の成果をごくわかりやすくまとめています。専門書はもちろん、難しい本は苦手という方にはおすすめです。

仏教の宇宙論

定方 晟『インド宇宙論大全』春秋社

仏教をふくむインド宗教の宇宙論が読みたいというなら、本書が決定版です。写真や図版も数多く掲載され、ひじょうにわかりやすく構成されています。

仏像学

宮治　昭『仏像学入門〈増補版〉』春秋社

仏像の誕生とその後の展開を、図像と文献の両方からくわしく論じます。神なき宗教だったはずの仏教が、仏像とよばれる「神像」を生み出した理由は何か。仏教がアジアの文化交流に果たした偉大な功績を高く評価し、そのもっとも有効な媒体となった仏像を多角的な視点から考察しています。

仏教（宗教）と科学

佐々木閑『科学するブッダ　犀の角たち』角川ソフィア文庫

＊G・コイン他〈編〉、柳瀬睦男〈監訳〉『宇宙理解の統一をめざして――物理学・哲学・神学からの考察――』南窓社

パウル・ティリッヒ〈著〉、谷口美智雄〈訳〉『信仰の本質と動態』新教出版社

仏教をふくむ宗教と科学の関係は、現代における最重要課題の一つです。この問題は簡単に結論が出ませんが、それだけにさまざまな見地や分野からの総合的な考察が欠かせません。この件にかんする仏教側からの探求は、かつて宗教と科学が鋭く対立したキリスト教社会に比べ

ると、正直いって未熟です。その意味では、G・コインとティリッヒの編著作は読んでおいて損はありません。

漢訳仏典の軌跡

船山　徹『仏典はどう漢訳されたのか―スートラが経典になるとき』岩波書店

近代以前の日本における仏典はすべて漢訳本でした。漢訳とはいうまでもなく中国語訳です。本書はサンスクリットなどのインドの言葉で表記された仏典が、どのようなプロセスで中国語になったのかを、最新の研究成果にもとづいて語ります。翻訳に関する理論、翻訳のスピード、中国になかった概念の訳出など、興味津々の事項が満載されています。

日本仏教

末木文美士『日本仏教入門』角川学芸出版

日本仏教を論じた本は数えきれませんが、まず一冊というのであれば、この分野における第一人者の、しかも最新の著作ということもあって、この本をおすすめします。そのうえで、巻末の参考文献にあげられている書籍をひもとくというのが、日本仏教をトータルに把握する早道になります。

＊末木文美士『鎌倉仏教形成論』法蔵館

これまで鎌倉新仏教は、旧仏教が腐敗堕落を刷新するために誕生したというイメージで語られてきました。しかし、本書はこの通説を、厳密な実証研究および宗学（教義学）と歴史学の総合化という視点から否定し、思想史に位置づけられた新たな鎌倉仏教像を提示します。

正木　晃『空海をめぐる人物日本密教史』春秋社

日本密教の歴史といえば、松長有慶『密教の歴史』（平楽寺書店）に並ぶものはありませんが、残念ながら現在は絶版です。そこで、もしぜひというのであれば、この本を読んでいただくしかありません。

松尾剛次『親鸞再考』ＮＨＫ出版
松尾剛次『知られざる親鸞』平凡社新書

近年、伝統仏教界最大の宗派浄土真宗の開祖、親鸞をめぐっては、旧来の伝承や学説に疑問がもたれるとともに、新たな研究が進んできています。この二作はそういう動向を背景に出版された画期的な著作です。

佐藤弘夫『偽書の精神史』講談社選書メチエ
松尾剛次『破戒と男色の仏教史』平凡社新書

仏教がもっとも強い力をもっていたのは中世です。しかし、中世の仏教は、わたしたちが仏教にたいしていだきがちなイメージとは、およそ縁遠いものでもありました。偽書が大量に生み出され、その影響力は絶大でした。また戒律をめぐる問題もまさに想定外で、戒律をちゃんと守る僧侶はごく少数派にとどまり、そのいっぽうで同性愛が推奨され、立派な文化として受容されていたのです。この両書を読むと、「事実」の凄まじさに圧倒されますが、これが中世における日本仏教の一断面だったのです。

井原今朝男『史実　中世仏教』1・2巻、興山舎

仏教学からではなく、歴史学から見た中世仏教の実態を語ります。その内容は驚くべきもので、わたしたちの想像を絶しています。庶民は死ぬ前に路傍に捨てられ、あるいはその逆に死者の祟りを恐れるあまり、死体を生者として扱うこともあったという事実。僧侶に期待されていたのは悟りや解脱ではなく、なにより死者供養であったこと。また僧侶が経済活動に積極的にかかわっていた事実などなど、どのページを開いても、まさに「目から鱗」の連続です。

伊藤正敏『寺社勢力の中世―無縁・有縁・移民』ちくま新書

中世の主役は幕府でもなければ朝廷でもなく、寺社勢力だったことを実証します。比叡山や高野山や南都の大寺社の経済力や生産力は時代を動かすほど大きく、その境内は「境内都市」とよべるくらい繁栄していました。教義学の研究からはけっして出てこない中世仏教の実像を知りたいなら、ぜひお読みください。

神田千里『宗教で読む戦国時代』講談社選書メチエ

戦国時代に生きた日本人の豊かな精神性や独特の宗教観を、「天道」思想をキーワードに、精緻かつ平易に語ります。宣教師から見た日本人の精神性、一向一揆の虚像と実像、キリスト教が拒絶された理由、島原の乱の真相など、必読の一作です。

修験道

田中利典『体を使って心をおさめる　修験道入門』集英社新書

正木　晃『現代の修験道』中央公論新社

田中利典・正木晃『はじめての修験道』春秋社

最近とみに復興の気運が濃い修験道。以上の三冊は、現役の修験者（山伏）と宗教学者による著作です。できるかぎり専門用語を避け、だれでもわかりやすく工夫されているので、入門書として絶好です。

葬儀

鈴木隆泰『葬式仏教正当論—仏典で実証する』興山舎
松尾剛次『葬式仏教の誕生—中世の仏教革命』平凡社新書

「葬式仏教」という言葉はおおむね「葬式しかしない仏教」という意味につかわれます。そこには、「本来の仏教」は葬式なんてしないという思い込みがあります。しかし、この二作は、そういう思い込みを全面的に否定します。『葬式仏教正当論—仏典で実証する』は、葬式は仏教の誕生とともに始まった事実を、インド仏教の古典文献を駆使して実証。『葬式仏教の誕生—中世の仏教革命』は、仏教の葬式化こそ日本仏教の生命線だったことを、これまたさまざまな史料から実証します。

霊魂論

山折哲雄『日本人の霊魂観』河出書房新社

正木　晃『いま知っておきたい霊魂のこと』ＮＨＫ出版

仏教系大学の授業では「ブッダは霊魂の存在を認めなかった」という真偽さだかならぬ説がいまだまかり通っています。ところが、こと日本仏教では、明治以降、欧米から近代仏教学が導入されるまでは霊魂実在論が主流でした。極楽往生というとき、いったい何が極楽へ往生するのか。この問いに現代仏教はなかなか答えようとしませんが、昔は「霊魂が往生する」と堂々と答えていました。『日本人の霊魂観』はこの事実を実証する名著。『いま知っておきたい霊魂のこと』は、まったく予備知識なしに霊魂通になれる著作です。

生活に根付く仏教

佐々木宏幹『仏力』春秋社
佐々木宏幹『生活仏教の民俗誌』春秋社

二冊とも日本人にとって仏とは何か？を考えるうえで、必須の本です。もともと悟ったひと＝如来を意味していた仏は、日本列島にもたらされると大きく変容し、先祖（先祖霊）や遺骨・遺体などまで意味することになりました。また、庶民が仏教に期待したのは、悟りや解脱ではなく、「仏力」とよばれる霊的な力だった事実が明かされます。こういう仏教は、教義中心の「教義仏教」にたいし、「生活仏教」と称されるべきものであり、とりわけ鎮魂や葬儀といった身近な領域で、人々の心をとらえて離さなかったことがよくわかります。

『法華経』

菅野博史『法華経入門』岩波新書
『法華経』の入門書は、日本仏教で最高の人気を誇るだけあって、いくらでもありますが、まずスタンダードなところとしては本書をお読みいただくのがよいでしょう。記述はわりあい平易で、歴史・思想・構造がバランスよく語られています。

小松邦彰・花野充道『法華経と日蓮』春秋社
「シリーズ日蓮」の第一巻。『法華経』にまつわる最新の研究成果を、海外の研究者もふくめ網羅。インドにおける経典の成立とインド・中国・日本における根本思想の展開を論じています。内容は専門書に近く、平易とはいえませんが、『法華経』に深い関心をもつのであれば、努力して読む意味はおおいにあります。

正木　晃『法華経って、そういうことだったんだ』三一書房
まったく新しいタイプの現代語訳『法華経』です。『法華経』の現代語訳はこれまでも、漢

訳からのものとサンスクリットからのものを合わせると複数ありましたが、どれも難しい専門的な用語や注釈だらけで、一読してわかるというようなものではありませんでした。本書は、専門的な用語や注釈をすべて本文中に、ブッダや仏弟子の言葉として、懇切丁寧な説明とともに組み込んで、とてもわかりやすくなっています。ちなみに、鳩摩羅什がサンスクリットから漢訳するときにも、同じことをしていた事実が判明しています。

大角　修『法華経の事典』春秋社

『法華経』にまつわることがらをあらゆる角度から網羅した事典です。とくになぜ日本人がこれほどまでに『法華経』をあがめてきたのかを知りたいなら、ベストの選択になります。教理教学にとどまらず、文学・芸術・行事・政治など、守備範囲の広さは特筆ものです。

浄土教

末木文美士『浄土思想論』春秋社

最近の浄土教研究を知るためには、ぜひ読んでおくべき本です。内容は高度ですが、講演録などをまとめているので、表現はわかりやすくなっています。浄土教の歴史、その思想的な構造、念仏論、親鸞像の再検討、現代における浄土思想の意味など、どれも興味深い考察ばかりです。

大角　修『浄土三部経と地獄・極楽の事典』春秋社

タイトルにあるとおり、だれもが知りたいことがらを全部まとめて記載。この一冊があれば、この領域の知識はまず完璧です。

『般若心経』

松長有慶『空海　般若心経の秘密を読み解く〈増補版〉』春秋社

立川武蔵『般若心経の新しい読み方』春秋社

ダライ・ラマ〔著〕、宮坂宥洪〔訳〕『ダライ・ラマ　般若心経入門』春秋社

『般若心経』は短く、しかも表現がキャッチコピーめいて抽象的なので、いろいろな解釈が可能です。ここにあげた三書もそれぞれがすこぶる個性的。『空海　般若心経の秘密を読み解く〈増補版〉』は日本密教の解釈。『般若心経の新しい読み方』はこの経典が成立した四世紀のインドから中国をへて日本におよぶ解釈の変遷を語ります。『ダライ・ラマ　般若心経入門』はいわずと知れたチベット仏教の解釈。読み比べてみると、興味津々です。

批判仏教

袴谷憲昭『批判仏教』大蔵出版
松本史朗『縁起と空』大蔵出版
ブライアン・ヴィクトリア『禅と戦争』光人社

近代日本における仏教の功罪は、戦争協力などをはじめ、まだ十分に論じられていません。また、「この世はあるがままに真実の相である」とみなす本覚思想は、「批判仏教」をとなえる仏教学者の袴谷憲昭や松本史朗から「仏教ではない」と批判されてきました。この問題はかなり難しく、アマチュアにはなかなか理解しがたいところもありますが、現代における重要な課題であることに疑問の余地はありません。『禅と戦争』は、禅僧の戦争協力をまっこうから論じて、日本の仏教界に衝撃をあたえた著作です。

現代思想としての仏教

立川武蔵『ブッディスト・セオロジー』全五巻、講談社選書メチエ

『聖なるもの　俗なるもの』『マンダラという世界』『仏とは何か』『空の実践』『ヨーガと浄土』の五巻から構成され、仏教の主要な概念を、伝統をふまえつつも、二一世紀的に更新して、

現代思想としての仏教の可能性を問うシリーズです。こういう姿勢は、残念ながら、これまでは仏教学の領域ではほとんどおこなわれてきませんでした。その意味からすると、まことに貴重な試みといってよく、もし仏教を、過去形ではなく、現在進行形もしくは未来形として把握したいのであれば、絶対に読んでおくべきシリーズです。

おわりに

同じ本を書くといっても、小説やエッセイを書くのと仏教書を書くのでは、いろいろな違いがあります。とりわけ、本書のように、最新の学問研究の成果をふまえたうえで、その情報をわかりやすく一般読書に提供したいという意図のもとに書くとなると、じつはけっこうめんどうなことになるのです。

本書のなかでもたびたび指摘しているとおり、近年における仏教学の進展は目覚ましいものがあります。教義の面でも歴史の面でも、大幅な書き換えが起こっている事実は、専門家たちによって書かれた論文を読めば、一目瞭然です。

ところが、ここに大きな問題があります。いわゆる専門論文を読んだ経験のある方ならおわかりいただけるとおもいますが、門外漢の手におえるものではないのです。予備知識や専門知識がなければ、文字どおりちんぷんかんぷん、正直いってほとんど理解できません。

日本では専門研究と一般読者のあいだをつなぐ媒体がいたって未熟です。仏教学もその例に漏れません。というより、最悪の事例かもしれません。そして、このことが現代仏教の停滞もしくは衰退とまったく無縁ではないとわたしは考えています。本書のタイトルに「あなたの知らない」という文言をあえて使った理由の一つは、このあたりにあります。

本書の出版にあたっては、さまざまな方々のお世話になりました。著者としては、以下にあげる方々にあつく御礼申し上げたいとおもいます。

春秋社の編集部門では、編集を担当していただいた桑村正純さんと編集長の高梨公明さん。営業部門では部長の鎌内宣行さんをはじめ、片桐幹夫さん、吉岡聡さんのお三方。みなさん、ほんとうにありがとうございました。

最後になりましたが、春秋社の神田明会長ならびに澤畑吉和社長には、いつもながら温かいご支援をいただき、感謝の言葉もありません。

平成二六年六月二三日

正木　晃

【著者紹介】
正木　晃（まさき　あきら）
1953年、神奈川県生まれ。筑波大学大学院博士課程修了。国際日本文化センター客員助教授等をへて、現在、慶應義塾大学非常勤講師。専門は宗教学（チベット・日本密教）。特に修行における心身変容や図像表現を研究。独自のマンダラ塗り絵を考案し、15年以上前から大学の講義などに取り入れている。
主著に『お坊さんのための「仏教入門」』『お坊さんなら知っておきたい「説法入門」』『はじめての宗教学』『「千と千尋」のスピリチュアルな世界』『カラーリング・マンダラ』（いずれも春秋社）、『密教』（講談社）、『マンダラとは何か』（NHK出版）、訳書に『マンダラ塗り絵』『世界のマンダラ塗り絵100』（春秋社）など、多数の著書がある。

JASRAC 出 1407239-401

あなたの知らない「仏教」入門

2014年7月28日　第1刷発行

著　　者　正木　晃
発 行 者　澤畑吉和
発 行 所　株式会社 春秋社
〒101-0021　東京都千代田区外神田2-18-6
電話　03-3255-9611（営業）
　　　03-3255-9614（編集）
振替　00180-6-24861
http://www.shunjusha.co.jp/
装 幀 者　河村　誠
印刷・製本　萩原印刷株式会社

ISBN978-4-393-10614-3　定価はカバー等に表示してあります

正木 晃
お坊さんなら知っておきたい「説法入門」
東日本大震災を機に、僧侶への説法の期待が高まったが、それに応えられる「法話力」の持ち主は少ない。本書はそうした法話に役立つ素材を満載した「僧侶のための説法の書」。　1800円

正木 晃
お坊さんのための「仏教入門」
葬儀離れ、墓離れ、寺離れがすすむ仏教界。その打開策を歴史・教義・現実の面から検討し、仏教学の最新知識の解説も織り込んで、21世紀の僧侶・寺院のあり方を具体的に示す。　1800円

正木 晃
はじめての宗教学
『風の谷のナウシカ』を読み解く
若者向けに工夫をこらした画期的な宗教学の入門書。宮崎アニメ『風の谷のナウシカ』に込められた様々な宗教的要素を読み解きつつ、宗教学のエッセンスにふれるように配慮。　1800円

正木 晃
魔法と猫と魔女の秘密
魔女の宅急便にのせて
『魔女の宅急便』を題材に、ハリー・ポッター人気で世界的に関心が高まっている魔法や魔女の世界の真実を、西洋のみならず東洋も視野に入れて、宗教学の観点から平易に解説。　1800円

正木 晃
楽しくわかるマンダラ世界
塗り絵付き
胎蔵と金剛界の両部曼荼羅についての平易な解説文に、〈塗っても楽しめる〉という塗り絵ワーク的な要素を加え、曼荼羅を体験的に理解しようという、新しいタイプの入門書。　1800円